AF306100

HISTOIRE

ET

COMMERCE

DES

COLONIES ANGLOISES,

DANS L'AMERIQUE SEPTENTRIONALE.

Où l'on trouve l'état actuel de leur population, & des détails curieux sur la constitution de leur gouvernement, principalement sur celui de la Nouvelle-Angleterre, de la Pensilvanie, de la Caroline, & de la Géorgie.

par M. de Forbonnais.

A LONDRES

Et se vend à Paris,

Chez
{
LE BRETON, Imprimeur ordinaire du Roi, rue de la Harpe.
DESAINT, rue S. Jean-de-Beauvais.
PISSOT, Quai de Conty.
LAMBERT, rue de la Comédie Françoise.

M. D. C C. LV.

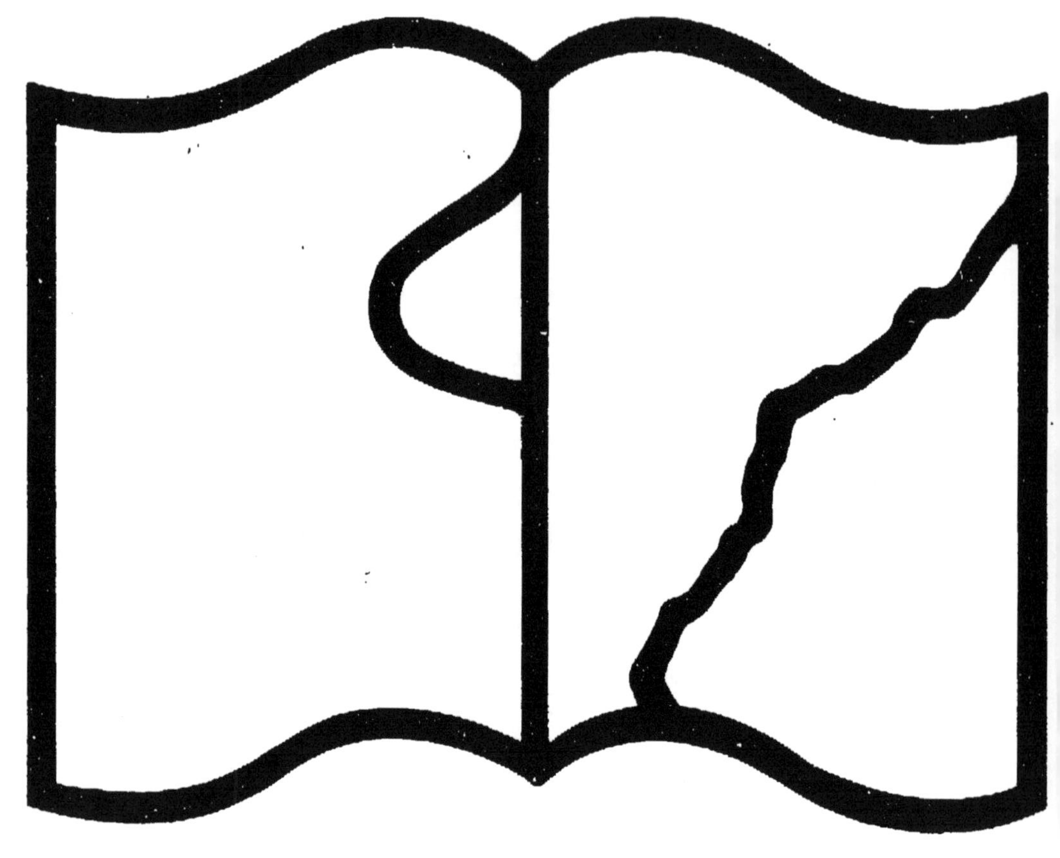

Texte détérioré — reliure défectueuse

NF Z 43-120-11

WHile we keep a strict eye upon the conduct of our plantations and chiefly watch their growth in shipping of strength and for war, whatever other increase they make either in wealth or in number of inhabitans cannot be turn'd against us, and can never be detrimental to this Nation.

Davenant's discourse on the plantation trade.

TANT que nous aurons l'œil sur la conduite de nos Colonies, & sur-tout que nous serons attentifs à ce qu'elles ne se fortifient pas trop en vaisseaux de guerre, & dans ce qui a rapport au militaire; quelqu'autre sorte d'accroissement qu'elles prennent, soit en richesses, soit en nombre d'habitans, il ne peut tourner contre nous, ni jamais être préjudiciable à cette Nation.

AVERTISSEMENT.

LEs Colonies Angloiſes,
établies ſur le continent de
l'Amérique ſeptentrionale,
ſont très-peu connues en
France. On pourroit même
dire qu'à l'exception d'un petit nombre de perſonnes qui
ſe ſont inſtruites de l'état de
cette partie du nouveau-monde, & qui n'ont point com-
muniqué ce qu'elles en ſa-
vent, on eſt parmi nous dans

une ignorance prefqu'entiere
à cet égard.

Les idées que le Diction-
naire de Commerce a pù en
faire prendre, font ou incom-
pletes, ou confufes, ou fauf-
fes. Excepté ce qu'il en a dit,
on n'a point en françois d'autres écrits fur cette matiere
que les traductions de quelques Ouvrages Anglois déja
anciens. Encore ces Ouvrages ont-ils le défaut d'entrer
dans des détails fi faftidieux,
que la lecture n'en eft pas fou-
tenable. D'ailleurs, l'état des
Colonies Angloifes, tel que
ces Livres nous le repréfen-
tent, differe trop de l'état ac-

tuel , pour que la curiofité foit pleinement fatisfaite. Enfin, quand des Ecrivains plus modernes auroient tenté d'écrire une Hiftoire de ces cantons, leurs travaux n'auroient peut-être pas rendu inutile l'Ouvrage que je préfente aujourd'hui. Il doit la naiffance à des circonftances qui n'exiftent que depuis environ deux ans. Elles ont tellement influé fur fon plan, qu'on peut croire que fans elles, il n'auroit pas été connu. Je veux parler du goût que notre Nation a pris depuis ce tems pour les matieres de commerce. L'attention qu'elle donne à un objet si important, a fait penſer que le Public recevroit avec plaiſir ce que des recherches très-pénibles & très-longues ont appris ſur l'origine, la formation, l'état & le commerce des Colonies Angloiſes, établies dans le continent de l'Amérique.

Ce ſont ces Colonies qui, par les productions qu'elles fourniſſent, font pancher la balance du commerce en faveur des Anglois. Toute l'Europe fixe aujourd'hui les yeux ſur eux, pour apprendre, dans l'examen de leur conduite, par quels reſſorts

un Royaume auffi peu étendu que l'Angleterre eft par-
venu à une puiffance égale à
celle des Etats les plus vaf-
tes.

Le but que l'on s'eft pro-
pofé a donc été de faire con-
-noître au vrai la force & les
reffources de cette partie des
Domaines Britanniques, afin
que le Lecteur, à qui tous
les Livres de commerce rap-
pellent fans ceffe, & avec
raifon, l'importance de ces
établiffemens, foit à portée de s'en former une idée
nette.

Dans l'Hiftoire que je donne de ces Colonies, je me

fuis attaché principalement à montrer leur population actuelle, leurs productions naturelles, leurs débouchés, les marchandifes qu'on y importe, leur correfpondance mutuelle ; enfin tous les lieux où les Colons exercent quelque commerce.

Je fuis entré dans de grands détails fur les branches les plus confidérables de leur trafic. J'en ai calculé le produit, & j'ai fait voir les avantages que l'Angleterre en retire.

J'ai obfervé dans le cours de l'Ouvrage les vûes fecretes des Anglois fur toute l'Amérique feptentrionale ; la jaloufie avec laquelle ils regardent le voifinage des François, & les mefures par lefquelles ils tendent à fe rendre feuls maîtres de ces immenfes contrées.

On doit voir par ce tableau, du moins tel a été mon deffein, qu'il n'eft pas moins effentiel pour les Politiques de s'occuper de l'équilibre de l'Amérique, que de celui de l'Europe.

Je n'ai parlé des événemens qui regardent la formation, les progrès, & les révolutions de ces Colonies,

que pour attirer plus d'attention fur ce qui concerne le
négoce, en liant les faits qui
lui appartiennent à un récit
hiftorique. En m'étendant un
peu fur l'origine des poffeffions Angloifes dans l'Amérique feptentrionale, & fur
les divers états par où elles
ónt paffé, j'ai cru adoucir
la féchereffe de mon fujet,
ou du moins éveiller la curiofité. L'Hiftoire des établiffemens Anglois dont je parle,
ainfi que je l'ai déja remarqué, n'exifte point propre-
ment en François ; & cette
Hiftoire eft piquante par les

diverſes conſtitutions de gouvernement qui ont lieu dans
ces établiſſemens.

Enviſagée par ce dernier
côté, la matiere mérite aſſû-
rément, en elle-même, la
peine d'être traitée. Mais de
plus, elle a un rapport aſſez
direct avec le commerce qui
eſt mon objet. Car ce ſont les
Loix d'un Etat qui font les
hommes ce qu'ils ſont : induſ-
trieux, ou ſans génie, entreprenans, ou timides, actifs,
ou pareſſeux.

J'ai auſſi remarqué que nos
Ecrivains avoient fort négli-
gé la ſcience de faire des Loix:
il m'a paru que fournir des

idées fur un article fi intéref-
fant, c'étoit bien mériter de
la Patrie.

Nous avons une foule d'é-
crits fur toute forte de Poë-
mes, fur l'Art de parler, fur
la Déclamation; & avant M.
le Préfident de Montefquieu,
à peine pouvions-nous citer
perfonne parmi nous qui eût
approfondi le grand Art de
la légiflation.

Je fuis très-éloigné de blâ-
mer l'attention qu'on a donnée aux chofes de goût. Nous
devons à l'étude qu'on en a
faite, la perfection de nos
Théâtres & de nos meilleurs
Ecrits. Mais n'eft-il pas hon-

eux que nous ayons montré tant de chaleur pour des ob-jets qui, tout précieux qu'ils font, ne tiennent cependant, pour leur importance, ni le premier ni le fecond rang, tandis que nous n'avons pas même penfé à acquérir des connoiffances de premiere né-ceffité, des connoiffances auf-fi nobles qu'aifées à acqué-rir, & defquelles dépend le bonheur de l'Etat. Si le zele infpiré par le plus vrai patrio-tifme peut autorifer un parti-culier à accufer la Nation dont il eft membre ; j'oferai dire que nous méritons par-là le reproche de légereté que nous font nos voisins, & que ce n'est point tout-à-fait à tort que les Anglois nous appellent un Peuple non-pensant, *unthinking People.*

Je ne m'étendrai point sur les différentes sources où j'ai puisé. Le dénombrement en feroit trop long. Il y a peu d'Ouvrages Anglois, de Chartes, de collections de *Pamphlets* *, de Mémoires particuliers relatifs à ma matiere que je n'aie lûs, & dont je n'aie profité.

Cependant, quoique les

* On appelle ainsi en Angleterre les feuilles volantes, & les petites brochures.

Ouvrages de Meſſieurs Old-
mixon & Blome, ſur l'Em-
pire Britannique dans le
Nouveau - Monde, & celui
de M. Salmon, en ce qui re-
garde l'Amérique, ayent le
même objet que j'ai embraſſé
dans le mien ; & quoique ces
trois Auteurs m'ayent fourni
beaucoup de choſes, l'Hiſtoire des Colonies Angloiſes,
que j'offre ici, n'eſt ni une
traduction, ni un abregé de
ce qu'ils ont écrit. Mon tra-
vail, en conſervant beau-
coup de rapport avec le leur,
en differe conſidérablement.
J'ai tout rappellé au commerce, au lieu que les Ecrivains

que je viens de nommer, en qualité d'Hiſtoriens , n'en parlent qu'accidentellement.

Obligé, comme je l'ai été , de prendre mes matériaux chez les Anglois, j'ai lieu de craindre de ne m'être pas aſ-ſez défendu de leurs préjugés. Si dans cet Ouvrage il s'eſt gliſſé quelques expreſſions favorables à leurs prétentions, elles ne doivent , en aucun tems, ſervir d'autorité pour les appuyer , puiſque c'eſt chez eux-mêmes que je les ai priſes.

Fin de l'Avertiſſement.

TABLE
DES CHAPITRES.

CHAPITRE V.

CHAPITRE VIII.

Fin de la Table.

E R R A T A.

Page 2 , *ligne 4* , le cours intérieur de ce Royaume , *liſez* , le cours du commerce intérieur de ce Royaume.

Page 36 , *lig.* 8 , ils ajoutent, *liſ.* les Anglois ajoutent.

Page 139 , *lig.* 2 , l'une ſous le nom de Nouveau-Jerſey oriental , *liſ.* ſous le nom , l'une de Nouveau-Jerſey oriental.

Page 173 , *lig.* 17 , & *page* 286 , *lig.* 24 , les rites , *liſ.* les rits.

Page 175 , *lig.* 22 , à la même élévation vers le Pole , *liſ.* à la même élévation du Pole.

Page 189 , *lig.* 23 , ſera fixe , *liſ.* ſera ſix Conſeillers.

Page , 206 , *lig.* 23 & 24 , *page* 207 , *lig.* 3 , *pag.* 322 , *lig.* 5 , cire végétée , *liſ.* cire végétale.

Page 332 , *lig.* 24 , plans , *liſ.* plants.
Page 333 , *lig.* 14 , plan , *liſ.* plants.

HISTOIRE

HISTOIRE

ET

COMMERCE

DES

COLONIES ANGLOISES,

DANS L'AMERIQUE SEPTENTRIONALE.

INTRODUCTION.

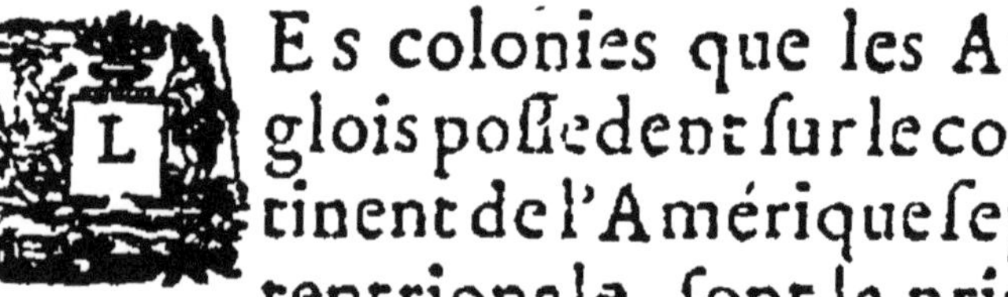

Es colonies que les Anglois poſſedent ſur le continent de l'Amérique ſeptentrionale, ſont la principale ſource de leur force & de leur opulence. Celles qu'ils ont dans les Antilles ne verſent plus chaque année dans la Grande-Bretagne les mêmes tréſors qu'el-

A

les y ont portés autrefois. Les unes & les autres contribuent infiniment à entretenir dans un mouvement rapide le cours intérieur de ce royaume , c'eſt-à-dire de celui qui s'exerce dans l'étendue de ſes domaines. Mais les colonies ſeptentrionales influent d'une maniere bien plus puiſſante que celles des îles ſur la balance du commerce extérieur de l'Angleterre. Après les manufactures de lainerie , c'eſt aux productions de la Caroline, de la Virginie, du Maryland, de la Nouvelle-York, & même de la Nouvelle-Angleterre & de la Penſilvanie, que les Anglois doivent preſque tout l'argent étranger que le Négoce attire chez eux.

L'importance de ces établiſſemens pour la nation Angloiſe n'eſt pas la ſeule choſe qui en rend l'hiſtoire curieuſe. La conſtitution de leur gouvernement mé-

rite l'attention non - seulement
du politique & du Philofophe,
mais en général de l'homme rai-
fonnable. Elle differe dans chaque colonie. La variété de ces fyftèmes prouve que la fcience de la
legiflation, une des moins culti-
vées & cependant la plus néceffaire, eft encore dans fon enfan-
ce; ou du moins que l'efprit hu-
main n'a point encore fait dans ce
genre tous les progrès qu'il pourroit faire. Elle prouve auffi que
dans cette fcience les Anglois
font plus avancés que les autres
peuples. Car ces efforts, pour trouver de nouvelles combinaifons,
annoncent qu'ils fentent l'imper-
fection des fyftèmes qui font établis.

Leurs colonies fur le continent
de l'Amérique feptentrionale occupent la plus grande partie des
côtes orientales. Le vafte efpace
qu'elles embraffent fe divife en

plufieurs grands établiſſemens qui ont leur nom particulier. Celui de la baye d'Hudſon eſt le plus foible & le plus ſeptentrional de tous. Les autres ſont Terre-Neuve, l'Acadie, ou Nouvelle-Ecoſſe, la Nouvelle-Angleterre, la Nouvelle-York, le Nouveau-Jerſey, la Penſilvanie, le Maryland, la Virginie, la Caroline, la Nouvelle-Géorgie.

Dans le dénombrement de ces poſſeſſions on compte Terre-Neuve, quoique ce ſoit une île. Elle s'éloigne très-peu de la terre-ferme; & d'ailleurs l'on entend particulierement par *îles de l'Amérique* celles de l'Archipel, du Mexique.

L'Empire Britannique dans le Nouveau-Monde ſur le continent, à le prendre ſeulement depuis le cap Camſeaux qui eſt en Acadie au nord juſqu'aux limites de la Nouvelle-Géorgie, du côté

du fud comprend en longueur
16 ou 1,700 milles (environ 500
lieues). Quelles reſſources n'offrent point des pays auſſi immen-
ſes que ceux qui compoſent cet
Empire, ſitués comme ils le font
au bord de la mer & ſous des climats trés-différens !

CHAPITRE PREMIER.

De la baye d'HUDSON. Etabliſſe-
ment d'une Colonie à la baye
d'HUDSON : état de cette Colo-
nie : ſes productions naturelles :
ſon Commerce & ſon utilité.

De la baye
d'Hudſon.

L A baye d'Hudſon eſt ſituée
entre le 51e & le 67e degré
de latitude ſeptentrionale. Elle
comprend une grande étendue de
côtes. Henri Hudſon, pilote Anglois, au ſervice des Hollandois, la découvrit en 1609, en
cherchant, à ce qu'on dit, ſur
les mémoires de Frédéric Anſ-
child Danois, un chemin particulier à la Chine par le nord oüeſt.
Quelques autres Anglois, nommé-
ment Button, Fox, James, ont ſur
les traces d'Hudſon pouſſé plus
loin que lui la connoiſſance des
côtes de cette baye.

Ces différens navigateurs a-
voient tous eu pour objet principal de s'ouvrir un paſſage vers
l'Océan oriental, comme Mar-
tin Forbisher l'avoit tenté avant
eux, ſans pénétrer auſſi loin. L'expédition du capitaine James s'é-
toit faite en 1631. Les guerres
civiles qui troublerent la Grande-Bretagne peu de tems après,
firent perdre de vûe la baye
d'Hudſon : mais en 1667, Za-
charie Gillam y fut envoyé, &
jetta pour lors les fondemens du
commerce qui s'y fait. Il y bâtit
un fort, auquel il donna le nom
de *Charles*.

Deux transfuges François nommés Médard Chouard des Gro-
ſelliers & Pierre Eſprit de Radiſſon furent les inſtigateurs de ce
voyage. Sur les lumieres qu'ils
avoient reçues des Sauvages qui
habitoient auprès du lac des Miſ-
taſſins, ils avoient conçu qu'on

Etabliſſe-
ment d'une
colonie à
la baye de
Hudſon.

pouvoit communiquer par mer
avec les contrées septentrionales
du Canada, & en conséquence ils
avoient formé le projet d'y établir quelque commerce. Ils s'en
ouvrirent à Québec, où l'on traita leurs vûes de chimériques.
Etant passés à Baston, capitale de
la Nouvelle Angleterre, & de-là
à Londres, ils y rencontrerent
plus d'encouragement. On leur
donna le capitaine Gillam avec
lequel ils se mirent en mer. Ils
trouverent la baye comme ils l'a-
voient conjecturé, & y aborderent avec lui heureusement.

Au retour du capitaine Gillam,
ceux qui s'étoient intéressés dans
ce voyage, parmi lesquels on comptoit des personnes de qualité aus-
si-bien que des marchands du premier ordre, demanderent une
charte à Charles II. Ce prince
leur en accorda une le 2 Mai
1670, dans la vingt-deuxieme

année de son regne. Elle les réunissoit en une corporation sous le nom de *Compagnie de la baye d'Hudson.* Le prince Robert étoit à leur tête: Leur fonds montoit à 10, 500 livres sterlings, (241, 500 livres tournois.)

La charte qui les autorisoit, outre le privilége exclusif pour le commerce qui peut se faire dans la baye d'Hudson, leur donna en propriété toutes les terres où ils voudroient former des établissemens, sous la seule condition de relever du château royal de Greenwich, dans le comté de Kent, avec une redevance de deux élans & de deux castors noirs par an. Un acte du Parlement en 1690 confirma cette charte.

Les François, jaloux de voir leurs émules établis si près d'eux, reclamerent le droit qu'ils avoient à la propriété de ces contrées comme faisant partie du Canada. En effet, de la rive septentrionale du fleuve S. Laurent aux côtes les plus méridionales de la baye d'Hudson, il n'y a pas un trajet de 150 lieues communes de France ; & dans cette distance on rencontre la riviere Ste. Marguerite qui se décharge dans le S. Laurent, & la riviere Robert qui a son embouchure dans la baye d'Hudson. De l'une des deux rivieres à l'autre, on ne compte que 150 milles Anglois. Des négocians de Québec trouverent moyen de détacher des Groseillers & de Radisson du parti des Anglois, & de les engager à prendre le commandement de deux bâtimens pour former au nom du Roi de France des établissemens sur les côtes de la baye. Ils espéroient par-là se mettre en situation d'écarter des concurrens qui interceptoient leur ancien commerce avec les Sauvages des pays situés autour des lacs superieurs. Ce furent ces mêmes négocians qui firent les frais de l'entreprise.

Des Groseillers & Radisson, rentrés au service de leur patrie, conduisirent en 1682 dans la baye les deux bâtimens des négocians de Québec, & y éleverent un fort sur les bords de la riviere Ste. Thérese. En s'en retournant après avoir fait la traite avec les naturels, ils y laisserent huit hommes sous le commandement de Chouart, fils de des Groseillers & neveu de Radisson. N'ayant pas eu lieu d'être satisfaits de la compagnie qui les avoit employés, ils quitterent une seconde fois le Canada & vinrent à Paris. Milord Preston, alors ambassadeur d'Angleterre à la cour de France, sachant leur mécontentement, les sollicita de passer à Londres de nouveau. Radisson se laiſſa gagner : il ſe rendit en 1684 en Angleterre, où il obtint de la cour une penſion de douze cens livres dont il jouit juſqu'à ſa mort. L'année ſuivante on lui donna deux navires pour aller ſe ſaiſir du fort que lui-même avoit conſtruit à l'entrée de la riviere Ste. Théreſe : il s'en empara facilement.

La perte que firent les François en cette occaſion peut faire juger de quelle importance étoit ce poſte pour le commerce. On la fait monter à trente-deux milliers de caſtors, ſix balles de martres, deux de loutres, & autres menues pelleteries. Le tout eſtimé 400000 livres. Ce n'étoit néanmoins que le produit de la traite d'une année, puiſque Radiſſon avoit tranſporté à Québec tout ce qui s'étoit trouvé dans les magaſins au tems de ſon départ de la baye.

Ils eurent recours aux armes

pour recouvrer ce qu'on venoit de leur prendre. Le Chevalier de Troyes alla en 1686 avec un détachement de soldats attaquer les établissemens de la compagnie Angloise. Il les lui enleva tous à l'exception du fort Nelson, & pilla ses magasins. L'expédition du Chevalier fut regardée comme une invasion par les Anglois, & Guillaume III. dans le manifeste qu'il publia en déclarant la guerre qui suivit la révolution, en fit un de ses motifs.

La compagnie de la baye d'Hudson ayant obtenu en 1690 la confirmation de sa charte, leva des soldats, & équipa une escadre pour rentrer dans ses forts, ou plûtôt dans ses comptoirs. Elle en vint à bout sans peine : mais elle les perdit presque aussi-tôt. Ses forces ne lui permettant pas de les reconquérir une seconde fois, le Roi d'Angleterre leur prêta en 1697 deux vaiſſeaux de guerre, à l'aide deſquels elle fut remiſe en poſſeſſion de tout ce qui lui avoit appartenu.

Ce fut vraiſemblablement pour ſubvenir aux frais de l'armement, que la compagnie entreprit en 1690, qu'elle tripla ſes fonds vers ce tems-là par un appel ſur ſes actionnaires. Dans un ouvrage qui a paru depuis peu (a), on dit que cet appel étoit ſimulé, & que les actionnaires l'avoient imaginé pour cacher leurs profits afin de mettre plus de proportion entre leurs dividendes & leur capital. J'ignore ſi l'auteur qui avance ce fait eſt bien informé. Je demande ſeulement quels dividendes la compagnie pouvoit avoir alors à partager ? Excepté le port Nel-

______

(a) Voyez *les remarques ſur les avantages & les deſavantages de la France & de la Grande-Bretagne par rapport au commerce & aux autres ſources de la richeſſe & de la puiſſance des états.*

son, tous ses établissemens étoient
entre les mains des François depuis quatre ans. Le Chevalier de
Troyes avoit pillé ses magasins
principaux en 1686. Elle se voyoit
dans la nécessité de faire un armement très-coûteux pour rentrer
dans ses droits ; & bien loin que
ses affaires fussent dans ce tems-
là aussi heureuses qu'on veut les
représenter ; on voit qu'en 1697
elle eut besoin du secours de la
couronne.

Dès le commencement de la
guerre pour la succession d'Espagne, les François chasserent les
Anglois de presque tous les ports
qu'ils occupoient dans la baye.
Mais par l'article X. du traité de
paix signé à Utrecht, tout ce que
ceux-ci avoient possédé dans ces
cantons leur fut restitué, & on
leur céda la propriété de la baye
d'Hudson.

Avant l'expédition du Cheva- Etat de

lier de Troyes, les affaires de la compagnie Angloiſe étoient en bon état. Elle avoit conſtruit cinq comptoirs: ſavoir un ſur la riviere d'*Albany*, un dans l'île de *Hay*, un ſur la riviere de *Robert*, un au port de *Nelſon*, & un à *Nevv - Severn*. Dans chacun d'eux ſes facteurs faiſoient un trafic aſſez conſidérable. De la ſeule riviere d'Albany, ils tiroient annuellement 3,500 peaux de caſtors. Les autres endroits n'en fourniſſoient pas moins ; & il y avoit lieu de croire que la compagnie ne tarderoit pas à envahir tout le commerce de ces contrées, en attirant vers la baye les Sauvages dont les demeures étoient les plus avancées dans les terres.

Les pertes & les traverſes que la compagnie avoit eſſuyées durant la guerre, jointes au changement de mode qui avoit fait perdre en Angleterre le goût pou

les

les pelleteries, avoient apporté une grande diminution dans son commerce. Ses actions qui avoient été portées au-delà de 300 livres sterlings, & selon quelques écrivains jusqu'à 500 livres sterlings, baisserent considérablement. La restitution des lieux qu'elle avoit occupés, la tranquilité qui a accompagné depuis sa possession, & le goût que l'on a repris à Londres pour les fourrures, ont ressuscité son négoce, & l'ont même porté plus loin qu'il n'avoit encore été. Cependant les Anglois reprochent à la compagnie de ne pas l'étendre par des motifs d'intérêt particulier aussi loin qu'elle le pourroit. En 1720 elle augmenta encore son fonds, qui, par cette augmentation, se trouva porté à 103, 500 livres sterlings, (2,380,500 livres tournois.)

La compagnie de la baye de Hudson a actuellement quatre

factories, *Churchill, le fort York, Albany*, & celle de la riviere de *Moose*. Le fort York est réputé le plus important; il est situé sur le bras méridional de la riviere de Hayes, cinq lieues au-dessus de l'endroit où elle se jette dans la mer à 57 deg. 20 min. de latitude, & à 93 deg. 58 min. de longitude.

Ce fort n'est autre chose qu'un bâtiment quarré, flanqué de quatre petits bastions qui servent de loges ou de magasins: il y demeure une trentaine d'hommes. Ce comptoir rassemble communément entre quarante & cinquante mille riches fourrures par an. En jugeant des autres comptoirs par celui-là, on voit que la colonie de la baye d'Hudson n'est pas nombreuse.

Il n'y a sur les côtes de la baye ni villes, ni habitations, en prenant ce dernier terme dans le sens

Productions naturelles.

où on l'entend communément lorsqu'on parle des colonies, c'est-à-dire qu'il n'y a aucun colon qui s'applique à cultiver la terre. On ne sauroit même penser que cette situation devienne plus heureuse. Les productions de ce pays ne fournissent point des alimens suffisans pour les Européens : elles se bornent à quelque gibier, tels que les perdrix, des lievres, des cariboux (a), des oies sauvages, des canards, des outardes, & au produit de la pêche durant l'été.

On s'étoit flatté à Londres que l'île de Charleton où il croît différentes especes d'arbres en abondance, dédommageroit de la stérilité du continent : mais les grains qui y ont été semés n'ont pas réussi. La difficulté d'avoir

______

(a) Le cariboux est une espece de renne commune dans l'Amérique septentrionale, & qu'on voit en certaines saisons à la baye d'Hudson.

des vivres, & la rigueur du froid donnent donc lieu de penſer que la colonie de la baye d'Hudſon ne ſera jamais fort conſidérable par le nombre de ſes habitans. Car quelque lucre que puiſſe y promettre le commerce, la vie y eſt ſi deſagréable, qu'il faut être réduit à une grande extrémité pour ſe réſoudre à quitter ſon pays dans le deſſein d'aller paſſer ſes jours ſous ce climat. On eſt obligé d'y porter d'Europe ou de la Nouvelle Angleterre toutes les proviſions néceſſaires à la vie. Cet article eſt une des plus fortes dépenſes de la compagnie. Les Anglois penſent qu'en pénétrant plus avant dans le pays du côté du ſud, on rencontreroit des terres fertiles & un ciel moins rude. Je doute que cela ſe puiſſe ſans empiéter ſur les François, qui ſans doute ne le ſouffriroient pas.

On ne ſait ſi la découverte d'un

paſſage par le nord-oüeſt dans la mer du ſud rendroit la poſſeſſion de la baye d'Hudſon beaucoup plus importante. D'habiles marins croyent que cette découverte à laquelle les Anglois ſe montrent ſi animés, pourroit bien n'avoir pas tous les avantages qu'ils en eſperent. On eſt obligé de conſtruire d'une maniere particuliere les vaiſſeaux deſtinés pour la navigation de la baye, à cauſe des glaces qui s'y rencontrent. Par cette raiſon, en ſuppoſant qu'on vînt à trouver un paſſage par le nord-oüeſt à la mer du ſud, il ne ſerviroit peut-être pas à établir une communication bien aiſée & profitable entre cette mer & l'Océan ſeptentrional. Quoi qu'il en ſoit, l'eſpérance de découvrir ce paſſage paroît encore fort hazardée. M. Buache ne penſe point qu'on doive y renoncer : cependant ceux qui en ſont les plus en-

têtés conviennent eux-mêmes
que les endroits, où on l'a tentée
jufqu'ici vainement, étoient ceux
qui promettoient le plus de fuccès.

Il n'eft pas inutile de donner
ici le tarif d'échange que les facteurs de la compagnie fuivent
pour les marchandifes de débit
parmi les Sauvages.

Tarif d'échange pour les marchandifes de débit à la baye d'Hudfon.

Une livre de poudre à giboyer, vaut	deux peaux de caftor.
Fufils, valent	les uns dans les autres, dix peaux de caftor la piece. les plus forts, douze peaux de caftor la piece. les plus légers, huit peaux de caftor la piece.
Quatre livres de balles & menu plomb, valent	une peau de caftor.
Une grande & une petite hache, valent	une peau de caftor.
Six grands couteaux ou huit moyens, valent	une peau de caftor.
Une livre de conterre de Venife ou raffade, vaut	deux peaux de caftor.

Capots ou gros surtouts bordés, valent	six peaux de castor la piece
Capots rouges unis, valent	cinq peaux de castor la piece.
Jupes bordées pour femmes, valent	six peaux de castor la piece.
Ditto unies, valent	cinq peaux de castor la piece.
La livre de tabac, vaut	une peau de castor.
Un grand cornet à poudre, vaut	une peau de castor.
Deux petits cornets à poudre, valent	une peau de castor.
Chaudieres de toute grandeur, valent la livre	une peau de castor.
Peignes & miroirs, valent	la douzaine deux peaux de castor.

Le castor de la compagnie (recette d'hiver) a été vendu à Londres depuis 7 schel. 6 d. jusqu'à 9 schelings 4 d. la livre : la balle de castor pesant 120 livres contient 130 à 160 peaux.

On voit que le bénéfice de la compagnie doit être fort grand en trafiquant sur ce pied. Si ses

retours étoient plus abondans &
ses dépenses accessoires moins
fortes, ses profits surpasseroient
ceux que rapportent les négoces
les plus lucratifs : mais dans ses
meilleures années, elle n'a pû
rassembler dix mille peaux de castor.

Outre les peaux de castor qui
font son trafic principal, ses vaisseaux se chargent de plusieurs sortes de pelleteries qui se tirent du
même pays.. Elles trouvent depuis quelques années en Europe
un très-bon débit qui n'a pas peu
contribué à relever les affaires de
la compagnie. La colle de poisson
forme encore une autre branche
de son commerce : elle en a établi jusqu'à trois fabriques dans les
différens forts qu'elle possede. Ses
exportations en marchandises du
produit de l'Angleterre ne passent
pas actuellement année commune
3 ou 4,000 livres sterlings (69 ou
92,000

9 2,000 livres tournois); & l'on dit que dans l'espace de quarante ans, à compter depuis 1699 jusqu'en 1738, elles n'ont pas monté au-delà de 60, 000 livres sterlings, (1,380, 000 livres tournois.)

Deux tiers du castor qu'elle apporte en Angleterre sont communément travaillés par les Chapeliers Anglois : l'autre tiers sort de la Grande-Bretagne pour Hambourg & pour la Hollande, d'où il passe en Allemagne. Des meilleures peaux, lorsqu'on en a enlevé le poil, on fait des gands de différens prix. On fabrique de la colle avec les moindres.

Les baleines abondent dans la baye d'Hudson. Si tous les Anglois avoient la liberté d'y naviguer, on croit qu'ils y feroient une pêche très-lucrative.

C

CHAPITRE II.

I. De l'île de TERRE-NEUVE. Découverte de l'île de TERRE-NEUVE : établissement d'une Colonie dans cette île : ses productions naturelles : état de la Colonie. II. De la pêche de la morue, & du commerce de cette saline.

De l'île de Terre-Neuve.

I. L'ISLE de Terre-Neuve n'est séparée du Canada que par un détroit de la même largeur que celui qui sépare Douvre & Calais. Elle a environ 300 lieues de circuit : elle gît entre 46 deg. & demi, & 51 deg. & demi de latitude nord. L'Angleterre n'en est éloignée que de 600 lieues. On a fait souvent ce trajet en vingt jours. On a même l'exemple d'une traversée beaucoup plus courte. Le Marquis de la Roche, Lieutenant

Général du Canada pour le Roi de France , cherchant un port commode fur les côtes de l'Acadie dans le deſſein d'y former un établiſſement, fut ſurpris , étant à l'île de Sable , par un vent ſi violent , qu'il le porta , malgré lui, en France en moins de douze jours. On trouve dans Terre - Neuve des havres très - commodes, où les vaiſſeaux qui vont à la Virginie, à la Nouvelle - Angleterre, aux Bermudes ou qui reviennent de ces lieux, peuvent relâcher en cas d'accidens.

Les François & les Anglois y ont formé des établiſſemens les uns & les autres long-tems après en avoir fait la découverte : les premiers par leurs pêcheurs Normands & Bretons, & par Jean Verazzan de Florence, que François I. envoya en Amérique en 1523 ou 1524 chercher des terres inconnues : les derniers par

Jean Cabot que Henri VII. Roi d'Angleterre avoit chargé de la même commission.

La plûpart des auteurs Anglois attribuent cette découverte à Sébastien Cabot, quoiqu'il n'y ait eu d'autre part que d'avoir accompagné son pere Jean Cabot. C'est celui-ci que Henri VII. autorisa à aller sous le pavillon d'Angleterre chercher de nouvelles terres. On voit dans les actes de Rymer la patente qui lui fut accordée : elle est du cinq Mars 1496.

Sous le regne de Henri VIII. Thorn & Elliot firent un voyage à Terre-Neuve dans des vûes de commerce, & Hore entreprit d'y fonder une colonie : mais la disette de vivres fit périr presque tous ses gens. Ces différentes tentatives n'avoient pour objet que de faire la troque avec les naturels du pays, & d'en tirer de la pelleterie de toute espece. Les difficultés qui accompagnoient ce trafic, & le peu de profit que les avanturiers, dont je viens de parler, y avoient rencontré, porterent ceux de leur patrie à y renoncer.

Les François & les Portugais profiterent de cette négligence. Ces deux nations, sans perdre de vûe le commerce de fourrures, s'adonnoient à la pêche, à laquelle la multitude de poissons qui abondent dans ces parages les invitoit. Le bénéfice qu'elle leur produisoit devint un aiguillon pour les Anglois : ils suivirent l'exemple qu'on leur montroit ; & sous Edouard VI. en 1548, le Parlement d'Angleterre passa un acte par lequel il permit à tous les membres de la nation Angloise de trafiquer & de faire la pêche sur les côtes de Terre-Neuve & sur les bancs voisins, sans payer aucuns droits,

En l'année 1579 John Cotton, marchand de Southampton, envoya à Terre-Neuve un vaiſſeau de 300 tonneaux commandé par Richard Whitburn d'Exmouth en Devonshire pour participer à la pêche du grand banc, & prendre de cette île une connoiſſance détaillée. Quelques années après en 1583, Sir Humphrey Gilbert, frere utérin du fameux Sir Walter Raleigh, à l'inſtigation du Secrétaire d'Etat Walſingham vint au nom de la Reine Eliſabeth prendre poſſeſſion de l'île : ce qu'il fit dans le havre, où depuis fut bâtie S. Johnſ-Town.

Le Chevalier Bernard Drake fut envoyé en 1585 à Terre-Neuve avec une eſcadre pour chaſſer les Portugais qui venoient pêcher ſur le grand banc. Il leur prit pluſieurs vaiſſeaux chargés d'huile & de poiſſon, non pas en vertu de la poſſeſſion que le Chevalier Gilbert avoit prise de Terre-Neuve en 1583, mais parce que les Portugais étoient pour lors sous la domination de l'Espagne à qui l'Angleterre avoit déclaré la guerre.

Les écrivains ne s'accordent pas sur la qualité du terrain de Terre-Neuve : les uns disent que les mêmes plantes qui croissent en Angleterre y viennent très-bien : d'autres prétendent que cette île n'est qu'un rocher stérile. Les uns & les autres cependant conviennent que des forêts d'arbres très-vigoureux y couvrent la terre dans l'intérieur de l'île, & qu'on y trouve une multitude innombrable de daims, de lievres, de renards, d'écureüils, de loups, d'ours, de loutres, de castors, &c. Ces circonstances semblent annoncer un bon sol. La stérilité que l'on reproche au terrain de Terre-Neuve peut provenir du

Productions naturelles.

défaut de culture. Les colons, ga-
gnant plus à s'occuper durant
l'été à la pêche de la morue que
s'ils s'adonnoient au labourage,
laissent les champs en friche ; ils
cherchent même au bord de la mer
les endroits les plus pierreux pour
s'y fixer à cause qu'ils sont les plus
propres pour sécher leur poisson.

La premiere compagnie An-
gloise qui s'associa pour établir
une colonie dans l'île de Terre-
Neuve, fut formée en 1609, &
obtint des lettres patentes de Jacques I. L'année suivante John
Guy, négociant de Bristol, un
des membres de cette compagnie
& auteur de l'entreprise, fut chargé de la diriger : il s'embarqua
pour cette île, & y mouilla dans
la baye de la Conception.

En 1615, le Docteur William
Waughan de Carmarthen, Me-
decin, qui descendoit de Sir John

Waughan, premier Comte de Carberry, acheta de la compagnie quelques parties de sa concession, & résolut d'y faire un établissement. Il envoya cette année pour le commencer Richard Whitburne avec la qualité de son député. Ce Richard étoit le même qui avoit été employé par John Cotton. On a de lui une espece d'histoire de Terre-Neuve. Il trouva en arrivant dans cette île 250 bâtimens Anglois occupés à la pêche de la morue sur le grand banc.

Le Docteur Waughan ne tarda pas à joindre Whitburn : il se fixa dans son nouveau domaine ; & ce qui est remarquable, il y composa un poëme intitulé, *The Golden fleece*, la Toison d'or qu'il dédia au Roi Charles I. & qui fut imprimé *in-4°*. en 1626.

Comme la compagnie qui avoit obtenu la propriété de Terre-

Neuve ne faifoit ufage que d'une petite étendue de terrain, Sir George Carteret, Secrétaire d'Etat, fe fit donner la partie de l'île qui s'étend entre la baye de Bulls à l'eft & le cap Ste Marie au fud, & érigea ce canton en Province, à qui il donna le nom d'*Avalon*.

On ne fait fi ce Chevalier créé depuis Lord Baltimore en Irlande, obtint cette conceffion du confentement des conceffionnaires à qui le pays appartenoit, ou fi Jacques I. envahit leur propriété pour favorifer fon Miniftre qui vouloit fe retirer d'Angleterre, afin de vaquer plus paifiblement aux exercices de la Religion Romaine qu'il profeffoit.

Il envoya en Avalon une petite colonie dans l'année 1621, fous la conduite du Capitaine Edouard Wynne. Ce Capitaine s'établit à Ferryland, & y éleva une faunerie que John Hickfon perfectionna depuis. Sir George Calvert suivit bien-tôt Wynne : il choisit Ferryland pour le lieu de son séjour, & y fit bâtir une belle maison avec un château très-bien fortifié. Après y avoir demeuré plusieurs années, ce Seigneur, ayant en vûe une meilleure concession dans la Virginie, retourna en Angleterre, où il obtint la propriété de la partie de cette grande contrée qui porte aujourd'hui le nom de *Maryland*. Il conserva néanmoins la propriété d'Avalon, & la gouverna par députés. Les mêmes droits passerent à son fils qni en jouit tranquillement jusqu'au tems des guerres civiles, où Sir David Kirk usurpa sur lui ces possessions.

Les François se sont établis dans l'île de Terre-Neuve beaucoup plus tard que les Anglois. On veut en Angleterre qu'ils ne s'y foient introduits qu'à la faveur d'une permiſſion de Charles I. qu'ils obtinrent en 1634 , ſous prétexte de faciliter la pêche de la morue pour la ſubſiſtance de quelques couvents deReligieuſes à qui leur regle ordonnoit de faire maigre durant toute l'année : ils ajoutent que chaque vaiſſeau François qui uſoit de la permiſſion étoit obligé de payer cinq pour cent de ſa pêche. Quoi qu'il en ſoit , les uns & les autres vécurent tranquillement dans leurs établiſſemens juſqu'au tems de la guerre qui ſuivit la révolution. Les colonies des deux nations s'attaquerent alors reſpectivement, & ſe chaſſerent tour-à-tour de quelques poſtes. La paix de Ryſwick mit fin à ces hoſtilités. Mais la guerre qui s'alluma dans l'Europe au commencement du dix-huitieme ſiecle les renouvella. Les deux partis furent encore tour-à-tour

vaincus & vainqueurs. Enfin par
le traité de paix conclu à Utrecht
en 1713, la France a cédé toute
l'île à l'Angleterre, & ne s'est réservée que le droit pour ses pêcheurs d'y avoir des échaffauts &
des cabannes dans le tems de la
pêche, afin d'y préparer, saler,
& sécher leur poisson sur les greves dans l'étendue des côtes si-
tuées depuis le cap de Bonavista
jusqu'à la pointe-riche.

Avant ces deux guerres, on
comptoit dans les établissemens
des Anglois à Terre-Neuve environ 4,000 ames, tant hommes
que femmes & enfans. Depuis
que les Anglois sont les seuls maîtres de l'île, le nombre des habitans est augmenté. Il va présente-
ment au-dessus de 6,000.

Cette colonie a été long-tems
sans gouverneur. En tems de paix
le maître du vaisseau qui arrivoit
le premier dans un des ports de

l'île au tems de la pêche (le bâtiment ne fût-il que du port de 30 ou 40 tonneaux) étoit l'Amiral & le Gouverneur pour cette saison. On l'appelloit le Lord du havre, *the Lord of the harbour*. Cette coutume a occasionné plusieurs malheurs par l'empressement qu'elle inspire à chaque maître de navire de gagner les devants. En tems de guerre le Chef de l'escadre commandée pour soutenir les pêcheurs Anglois, & écarter du grand banc les nations ennemies de la Grande Bretagne jouissoit de l'autorité. Aujourd'hui le maître du bâtiment qui devance les autres dans un des ports de Terre-Neuve en est encore l'Amiral ; mais il y a un Gouverneur à Plaisance qui commande dans l'île,

: la pê-
de la
rue, &
com-

II. Les Anglois ne se sont montrés jaloux de la pêche de la morue que lors du traité d'Utrecht,

Quoiqu'au commencement du dix-septieme siecle ils y eussent occupé 250 bâtimens, ils l'avoient négligée depuis au point qu'entre 1666 & 1690, ils n'envoyoient pas annuellement 80 voiles en Terre-Neuve. Les soins que le ministere prit en 1713 pour leur assurer cette pêche, leur ont ouvert les yeux sur l'avantage de ce commerce. Ils en font à présent très-occupés. Tous les papiers publics qui se distribuent journellement à Londres, ne cessent d'exciter le gouvernement à saisir la premiere occasion qui se présentera d'empêcher la France d'y prendre part. Et si dans ce dernier royaume on n'est très-attentif à la conserver, ils ne tarderont pas à se l'approprier. Occupant déja l'île de Terre-Neuve, ils offusquent l'entrée du Canada, & en rendent en quelque sorte la possession précaire pour les

merce de cette saline.

François. C'eſt un ſentiment univerſellement répandu dans la Grande-Bretagne, que le miniſtere Anglois n'a qu'à vouloir s'emparer de cette partie de l'Amérique pour s'en emparer en effet, ainſi que David Kirtk en a donné l'exemple en 1628.

Au contraire on penſe communément en France que cette idée eſt vaine. Cette ſécurité a pour fondement la population actuelle du Canada; la bravoure des Canadiens, qui, comme race de ſoldats, peuvent être plus braves que les habitans des colonies Angloiſes : la plûpart race de marchands ou de bourgeois pacifiques; & les difficultés de la navigation du fleuve S. Laurent, dont on augmente encore les dangers par les cajeux (a) qu'en tems de

____

(a) Les cajeux ſont des eſpeces de trains de bois chargés de matieres combuſtibles que l'on laiſſe aller au courant de l'eau après y

guerre

guerre on tient prêts à être lâchés contre les vaisseaux ennemis qui entreprennent de remonter le fleuve.

Le malheur des circonstances, qui forcerent la France à conclure le traité d'Utrecht, excuse la cession de Terre-Neuve. Sans cette considération on pourroit reprocher aux Plénipotentiaires de cette couronne de n'avoir pas connu de quelle importance est cette île par sa situation près du grand banc. Celui qui la possede doit naturellement en tems de guerre se rendre le maître de la pêche. Il peut y tenir quelques vaisseaux armés pour courir sur les navires pêcheurs des ennemis, lorsqu'ils ne sont pas protégés par

avoir mis le feu. On dispose ces cajeux de distance en distance dans la largeur du fleuve, en les liant les uns aux autres avec des cordes. Lorsqu'ils rencontrent un bâtiment, ils l'entourent & le brûlent.

D

une force fupérieure. Il y trouve une retraite au cas qu'il ne foit pas affez fort pour attaquer. Depuis que les Anglois font en poffeffion de Terre-Neuve, les François n'ont pas fait des pêches fort abondantes. Ils fe voyent forcés d'acheter des marchands de Bafton pour plus de deux millions tournois de merluche ; eux qui, au tems du traité d'Utrecht, envoyoient tous les ans à Terre-Neuve 800 navires qui occupoient près de 40,000 perfonnes, tant mariniers qu'artifans & manœuvriers, & qui formoient tous les ans 3,000 matelots nouveaux.

La faifon pour la pêche de la morue eft depuis le Printems jufqu'en Septembre. Elle s'exerce dans le golfe S. Laurent, dans les environs de Terre-neuve, pincipalement fur un grand banc long de 150 li.ues, & large de 50, qu'on appelle *le Grand-Banc*, & fur d'au-

tres bancs voisins moins considérables. Cette pêche est de deux sortes, la sédentaire & l'errante.

On appelle pêche errante celle
qui se pratique par des vaisseaux
qui partent d'Europe tous les Printems pour Terre-neuve, & qui
rapportent en Europe vers l'Au-
tomne le poisson qu'ils ont pris.

La pêche sédentaire est celle qui
s'exécute pendant toute l'année
par les habitans de Terre-neuve,
& ceux des Colonies de l'Amérique septentrionale.

La morue se prépare de deux
façons : suivant la premiere on sa-
le à bord des vaisseaux le poisson
qu'on prend, & on revient promptement en Europe sans mouiller
à Terre-Neuve. On appelle *mo-
rue-verte* celle qui est ainsi salée.
Les Anglois en apportent peu. Elle
se débite dans la Biscaye & dans le
nord du Portugal.

La seconde façon est différen-

te. Les Pêcheurs apportent à terre dans des chaloupes le poisson
à mesure qu'ils le prennent. Ils le
décolent, le vuident de ses breuil-
les ou entrailles, l'habillent & le
salent sur des échaffauts qu'ils
construisent sur la côte de Terre-
Neuve. Ils l'étendent ensuite sur
les greves pour le faire secher. L'î-
le de Terre-Neuve est très-favorable pour cette méthode par le
grand nombre de greves qui s'y
trouvent. La morue préparée de
cette façon qui est plus longue que
l'autre, est ce que l'on appelle de
la *morue-seche* ou de la *merluche.*
Les Anglois en font un très-gros
commerce. Ils l'exercent de deux
manieres.

La plus simple est celle que sui-
vent ceux qui pêchent eux-mêmes
ce poisson. Ils sortent ordinairement de Bidiford, de Pool, de
Dartmouth, de Barnestable ou
de quelqu'autre port de l'ouest de

la Grande-Bretagne fur des vaiffeaux uniquement chargés de fel,
de victuailles, de lignes, d'hame-
çons; & fe rendent de bonne heu-
re à Terre-Neuve.

L'autre maniere permet d'arriver plus tard : mais elle expofe
par-là à des dangers, à caufe des
gros tems que l'on effuye dans l'ar-
riere-faifon. Ceux, qui préferent
cette feconde façon , chargent
fur leurs bâtimens des marchandifes & des provifions de diverfes
fortes qu'ils échangent avec les
habitans de l'île pour de la morue feche , & leur payent en lettres de change ce qu'ils leur en
prennent de furplus. Ces lettres
de change n'ont ordinairement
que deux mois à courir, & font
prefque toujours acquittées avec
beaucoup d'exactitude. Il arrive
auffi que les habitans de Terre-
Neuve chargent ces vaiffeaux en
tout ou en partie pour leur propre
compte.

Un habile pêcheur de morue en prend 350 à 400 par jour. Mais c'est le plus : le poids du poisson & l'extrême froid qui regne sur le grand banc ne laissent pas de fatiguer. Les bâtimens qu'on emploie à la navigation de Terre-Neuve sont de 100 à 150 tonneaux, & ont 20 à 25 hommes d'équipage. Ceux qui apprêtent leur morue en vert, reviennent en Europe dès qu'ils en ont 30 à 35000, ils n'osent en charger davantage, de peur que les premieres pêchées ne se gâtent. Quelquefois même ils n'attendent pas qu'ils en aient 30,000.

Presque toute la morue que les Anglois prennent tant sur les battures du grand banc qu'aux environs de Terre-Neuve, sur les côtes de la nouvelle Angleterre & de la nouvelle Ecosse, se transporte en Portugal, en Espagne, en Italie. La Barbade & les autres îles Angloises en achetent aussi. On prétend que dans ces différens marchés, il se débite deux cens mille quintaux de merluche qu'on suppose produire net & directement 138, 000 livres sterling (3, 174, 000 livres tournois) non compris le fret. Cette somme est entierement bénéfice. Car le débit du rebut de cette pêche que l'on vend aux Antilles pour la nourriture des Negres, & celui de l'huile de morue suffisent pour rembourser des dépenses qu'elle entraîne : telles que l'achat du sel, du rum, de la mélasse, des provisions de bouche, des ustenciles, &c. Que l'on juge par-là de l'importance d'un pareil commerce. Passez en revûe toutes les autres sortes d'occupations, vous n'en trouverez pas qui offre un lucre aussi immense. Outre les 138, 000 livres sterlings que cet article ajoute annuellement aux richesses de l'Angleterre, il procure un autre avantage à ce Royaume : celui d'occuper une grande multitude d'hommes & de vaiſſeaux. On eſtime que le prix du fret de cette maſſe de ſaline va au tiers de ſa valeur.

La partie que l'on en tranſporte en Portugal, en Eſpagne & en Italie, forme ſeule un embarquement de 30, 000 tonneaux, employe environ 2, 700 mariniers, & peut, en conſidérant ce commerce dans toute l'étendue de ſon cercle, rapporter à la Grande-Bretagne environ 260, 000 liv. ſterlings (5, 980, 000 liv. tournois) par an. Les deux tiers de ce profit proviennent de Terre-Neuve.

La nouvelle Angleterre fait un commerce particulier de merluche qui va bien à une troiſieme partie au moins de la pêche générale des Anglois. Les Anglois occupent

pent en tout à la pêche de ce poisson 500 navires.

Les pêches sédentaires ont beaucoup contribué à augmenter la
population des Colonies Angloises. Elles donnent de plus un avantage prodigieux aux Anglois sur
les nations qui n'ont que des pêches errantes. Ils se sont emparés
de l'approvisionnement de toute
l'Espagne, du Portugal & de la
plus grande partie de l'Italie, par
le bon marché auquel ces pêches
les mettent en état de fournir leur
poisson : bon marché que les vaisseaux qui partent d'Europe pour
pêcher & revenir dans l'année, ne
sauroient égaler.

Le foie de la morue donne une
huile qui s'emploie dans les ouvrages de tannerie & qui est bonne à
brûler. On l'apporte dans des pieces ou barriques ordinairement
du poids de quatre à cinq cens livres, & même jusqu'à cinq cens

E

vingt livres. Le débit en est considérable.

Si le commerce de saline n'at-
tiroit pas toute l'attention de ceux
qui trafiquent en Terre-Neuve,
les productions naturelles de cette île pourroient devenir l'objet
d'un assez bon négoce. Les arbres
qui y croissent sont très-propres
pour les mâtures, le mairrain, &c.
Les animaux de toute sorte errant
dans les forêts qui couvrent presque tout le terrain de l'île, fourni-
roient des peaux convenables
pour des fourrures & pour d'autres usages.

Le système des habitans de Terre-Neuve qui leur fait négliger
ces productions, les tient dans la
plus étroite dépendance des autres Anglois. Ils manqueroient
absolument de toutes les nécessi-
tés de la vie, soit pour la nourriture, soit pour le vêtement ou pour
les autres choses les plus commu-

nes & les plus indifpenfables, fi les vaiffeaux d'Europe qui vont y faire la troque, ou ceux des Colonies Angloifes en Amérique n'avoient foin de les en fournir; Bafton fait une grande partie de ce commerce. Le rum & les liqueurs fortes en général font les marchandifes que l'on apporte en Terre-Neuve en plus grande quantité. Les groffes affaires fe font dans cette ifle en lettres de change, ftipulées en livres fterlings, monnoie d'Angleterre. Il y a des pieces de monnoie Angloife, & des pieces de huit qui fervent dans le commerce de détail.

La pêche de la morue eft la pépiniere des Pirates qui infeftent de tems en tems l'Ocean occidental. Les mariniers que l'on y employe, n'ont que des gages fort médiocres, & de plus doivent payer leur tranfport au retour. Le goût pour les liqueurs fortes,

dont au fond il leur feroit difficile de fe difpenfer de boire, à caufe de la rigueur du climat, les met
dans la néceffité de s'endetter &
de paffer l'hyver à Terre-Neuve
où ils travaillent comme des efclaves pour gagner de quoi fub-
fifter. Il arrive très-fouvent que les
vivres y font extrêmement rares:
Ceux qui ont des denrées profi-
tent de la difette pour les vendre
à un prix exorbitant ; deforte que
la plûpart des matelots fe trouvant réduits à la mendicité, prennent le parti de déferter avec des
barques pour exercer la piraterie
ou s'engager fur les forbans qui
ne manquent pas de fe préfenter
à Terre-Neuve lorfqu'ils ont befoin de recrues.

Il y a des auteurs qui foutiennent
que des pêcheurs Bafques fré-
quentoient Terre-Neuve avant
que Chriftophle Colomb eût
trouvé le Nouveau-Monde. On

dit même que l'Espagnol, sur le
récit duquel ce fameux navigateur forma le projet de chercher
de nouvelles terres, étoit un Baf-
que Terre-neuvier.

Guillaume Postel va plus loin,
il veut que les François ayent vi-
sité de toute antiquité cette partie de l'Amérique. Je rapporte ses
termes: *Terra hæc ob lucrosissimam pis-*
cationis utilitatem summâ litterarum
memoriâ à Gallis adiri, & ante mille
sexcentos annos frequentari solita
est.

On trouvera ce qu'il avance
moins étonnant, si l'on se rappelle
qu'Antoine & Nicolas Zeni fre-
res, nobles Vénitiens au service
d'un roi de Finlande, découvrirent vers l'an 1390, la terre de La-
brador & l'Estotilande.

Corneille Wytfliet, sécrétaire
du conseil royal du Brabant, attribue, de même que Postel, la
découverte de Terre-Neuve aux

François. Mais il ne la fait pas remonter aussi haut: *Britones*, dit-il,
& Normanni, anno à Christo 1504,
*bas terras invenere dum Asellorum
marinorum piscationi intenderent.*

A ces témoignages on peut joindre celui de Marc l'Escarbot, auteur d'une histoire de la nouvelle
France, qui écrivoit en 1608. Voici comme il parle : *De toute mémoire, & dès plusieurs siecles nos Diep-
pois, Malouins, Rochelois & Mariniers du Havre de Grace de Honfleur
& autres lieux, ont les voyages ordinaires en ce pays-là pour la pêcherie
des moruës dont ils nourrissent presque toute l'Europe, & pourvoyent tous
vaisseaux de mer.*

Il est encore à remarquer que
quand Jacques Quartier toucha à
Terre-Neuve en 1534 une partie des caps & des ports de cette
île, portoit des noms François ou
Basques.

De ces passages on doit conclu-

re que le nord de l'Amérique a
été connu longtems avant Colomb ; & que quoique les François ne se soient pas établis les
premiers à Terre - Neuve, eux,
& les Basques, y alloient, ainsi qu'aux côtes de l'Acadie, exercer la pêche avant que les autres
peuples de l'Europe eussent enten-
du parler de ces terres.

CHAPITRE III.

De l'ACADIE ou NOUVELLE ECOSSE. Etablissement d'une Colonie dans l'ACADIE : limites de cette Province : état de l'ACADIE : ses productions naturelles : son commerce : peuplade envoyée en ACADIE.

L'Acadie ou Nouvelle Ecosse a long-tems été occupée par les François. Ils l'ont cédée aux Anglois par le douzieme article du traité d'Utrecht. Cet article porte en substance que l'Acadie ou Nouvelle-Ecosse, conformément à ses anciennes limites, comme aussi la ville de Port-Royal ou Annapolis-Royale avec sa banlieue, ensemble la souveraineté, propriété & possession des îles, terres, places dépendantes de ce

pays-là appartiendront à perpétuité à la reine de la Grande-Bretagne & à ses successeurs, &c.

L'Acadie avant cette cession,
avoit toujours été regardée comme faisant partie du Canada.
La plûpart des historiens ra-
content que Jean Cabot & Jean
Verassan y prirent terre l'un &
l'autre; que le premier y enleva
deux ou trois naturels du pays,
& les emmena en Angleterre; &
que le second y fut tué par les
Sauvages. Mais leur rapport n'a
rien de sûr. Il se trouve même contredit par quelques écrivains.

Les François jetterent en 1604
les fondemens d'une colonie dans
l'Acadie. Presque tous ceux qui
la composoient étoient Protestans. Ils avoient à leur tête Pierre
du Guasts, sieur de Monts, Xain-
tongeois, gentilhomme ordinaire
de la chambre, & gouverneur de
Pons : lequel après la mort du

commandeur de Chatte, avoit obtenu la commission que Henri IV. avoit donnée à ce commandeur pour continuer les découvertes commencées par Jacques Quartier, & pour y faire des établissemens. On lui avoit encore accordé le commerce exclusif des Pelleteries, depuis le quarantieme degré de latitude nord, jusqu'au cinquante - quatrieme le droit de concéder des terres jusqu'au quarante-sixiem. & des lettres-patentes de vice-amiral & de lieutenant général dans toute cette étendue de pays. M. de Monts étoit Calviniste, & le Roi lui avoit permis l'exercice public de sa religion en Amérique pour lui & pour les siens. C'est lui qui a bâti la ville de Port-Royal, aujourd'hui Annapolis-Royale.

Il la céda depuis *avec les terres adjacentes tant & si avant qu'elles pourroient s'étendre à un* gentilhomme qui l'avoit accompagné, nommé Jean de Biencourt, & connu sous le nom de sieur de Poutrincourt. Quelques années après la marquise de Guercheville s'associa avec ce dernier.

Sur ces entrefaites les marchands de Saint-Malo présenterent une requête au Conseil du Roi, pour reclamer les droits de la nation, lésés par le privilege exclusif du commerce des Pelleteries accordé à M. de Monts. Ils obtinrent bien-tôt un arrêt qui le révoquoit. Ils avoient de même fait retirer en 1588 un semblable privilege octroyé aux neveux de Jacques Quartier. On pensoit alors en France qu'*il ne falloit pas empêcher la liberté naturellement acquise à toute personne de trafiquer avec les peuples de deçà.*

M. de Monts découragé par ce contre-tems, abandonna l'entre-

prife. La marquife de Guercheville l'engagea à lui céder fes
droits, & envoya M. de la Sauffaye ou du Sauffay former un établiffement dans le voifinage de
Port-Royal. Ce fut en 1613. M.
de la Sauffaye plaça fa colonie à
l'embouchure de la riviere de
Pentagoët, qui eft par les qua-
rante-quatre degrés vingt minutes fur la rive feptentrionale, &
lui donna le nom de S. Sauveur.

A peine les nouveaux Colons
avoient-ils eu le tems de fe loger,
qu'ils virent paroître onze bâtimens Anglois partis de la Virginie fous les ordres de Samuel Argall, pour faire la pêche vers l'î-
le des Monts-Deferts, fituée vis-
à-vis de Pentagoët. Ce comman-
dant ayant appris qu'il y avoit des
étrangers fur le continent dans le
voifinage de cette île, réfolut de
les en chaffer : fe fondant fur une
conceffion de Jacques I. Roi de la

Grande-Bretagne qui avoit permis à une compagnie de ses sujets de s'établir jusqu'au quarante-cinquieme degré dans l'Amérique septentrionale. Comme si un pareil acte pouvoit lier d'autres que des sujets de la couronne Britannique.

Argall détruisit sans peine l'habitation naissante de Saint-Sauveur, & emmena avec lui à James-town, capitale de la Virginie, ceux des habitans qui voulurent le suivre. Peu de tems après, il reçut ordre du gouverneur général de cette province de se remettre en mer pour aller chasser les François de toute l'Acadie. Cette expédition ne lui coûta pas plus de peine que la premiere. Il ruina, sans coup férir, Port-Royal, & tout ce qui restoit d'une ancienne habitation que M. de Monts avoit élevée à Sainte-Croix.

En 1621 le Chevalier William

Alexandre, alors sécrétaire d'état pour l'Ecosse & créé depuis comte de Sterlings, ayant demandé à Jacques I. à l'instigation de Ferdinand Gorges, président de la Compagnie de la Virginie, tout ce qui avoit été enlevé à la France dans cette partie du Canada, ce monarque l'en gratifia; à condition que les plantations qu'il y formeroit releveroient de la couronne d'Ecosse, & seroient gouvernées suivant les loix de ce royaume.

Le chevalier sépara cette concession en deux provinces, il appella l'une la *Nouvelle-Ecosse*, & donna à l'autre le nom de *Nouvelle-Alexandrie*. De concert avec une compagnie qu'il présidoit, il envoya dans sa nouvelle propriété un vaisseau chargé d'un grand nombre de personnes qui avoient le dessein de s'y fixer.

Cette colonie n'avoit pû encore

prendre une forme réglée lorſque Charles I. par ſon traité de mariage avec Henriette-Marie de France, abandonna l'Acadie aux François. En 1628, c'eſt-à-dire, environ trois ans après à l'occaſion du ſiege de la Rochelle, qui fourniſſoit aux Anglois un prétexte pour commettre des hoſtilités contre les François, ils s'emparerent de nouveau de ces cantons, en même tems qu'ils ſe rendirent maîtres du Canada ſous la conduite de David Kirth.

La France éprouva de la difficulté à ſe faire reſtituer ce qu'elle venoit de perdre. Les négociations entamées à ce ſujet traînant en longueur, elle arma ſix vaiſſeaux pour reconquérir ce qui lui appartenoit. La vûe de ces préparatifs porta la Cour d'Angleterre à la perſuaſion de Milord Montaigu, à rendre de bonne grace ce qu'il ne lui auroit pas été aiſé de conſerver. Le traité en fut ſigné à Saint-Germain-en-Laye le vingt-neuvieme de Mars de l'année 1632.

Les choſes demeurerent ſur ce pied aſſez long tems ; mais Cromwell étant devenu protecteur, envoya en 1654 le major Sedgwick attaquer l'Acadie, avec ordre d'en chaſſer ceux qui ne voudroient pas reconnoître la domination de l'Angleterre. Sedgwick remplit ſa commiſſion. Cromwell rendit l'Acadie à un gentilhomme François réfugié en Angleterre, nommé de la Tour, qui avoit acheté les droits de Milord Sterlings ſur cette contrée. M. de la Tour les céda enſuite au chevalier Thomas Temple.

Les Anglois reſterent en poſſeſſion de leur conquête juſqu'en 1670. Cette année, le traité de Breda, conclu dès 1667, par lequel les François ſe virent rétablis

dans

dans cette partie de leurs domaines en Amérique, fut exécuté en conséquence d'un réglement signé à Bafton, par le chevalier Temple, le même dont nous venons de parler, muni des pouvoirs du Roi de la Grande-Bretagne; & Hubert d'Audigny, chevalier de Grand-Fontaine, plénipotentiaire du roi Très-Chrétien, qui affuroit à la France tout le pays qui s'étend depuis Pentagoët jufqu'à l'île de Cap-Breton inclufivement.

Les François demeurerent tranquilles dans cette province l'efpace de vingt ans. Mais en 1690 Sir William Phips vint dè la Nouvelle-Angleterre fe préfenter devant Port-Royal, principal établiffement de leur colonie, & s'en empara, ainfi que d'un fort fur la riviere Saint-Jean qu'il démolit. Il fit vuider le pays à ceux d'entre les François qui refuferent de prêter le serment de fidélité au roi d'Angleterre, & mit un gouverneur dans la place pour commander ceux qui consentirent d'y rester.

La France recouvra encore la Nouvelle-Ecosse à la paix de Ryswick. Elle la perdit de rechef en 1710 par les armes des Anglois durant la guerre pour la succession d'Espagne. Cette province, comme on l'a vû au commencement de ce chapitre, appartient aujourd'hui à ses derniers conquérans, en vertu du traité de paix signé à Utrecht en 1713.

Limites de l'Acadie.   Les auteurs varient sur l'étendue de l'Acadie. Les uns donnent ce nom à toute une Péninsule de forme triangulaire qui borne l'Amérique au sud-est, & où se trouve Annapolis-Royale. D'autres, & singulierement MM. Champlain & Denis, la resserrent dans des limites beaucoup plus étroites. Le premier, suivant le pere Charlevoix, que je copie ici, ne donne le nom d'Acadie qu'à la côte méridionale de la Presqu'île; & M. Denis qui a long tems demeuré dans ce pays-là, qui nous en a donné une description très-exacte, qui en a possédé en propre & gouverné au nom du Roi la côte orientale est du même sentiment.

Celui-ci divise en quatre Provinces toute la partie occidentale & méridionale du Canada : laquelle avoit de son tems quatre Propriétaires, Lieutenans Généraux pour le Roi. La premiere depuis Pentagoët jusqu'à la riviere Saint-Jean. Il la nomme *la province des Etéchemins*; & c'est ce que l'on appelloit auparavant *la Norimbegue*. La seconde, depuis la riviere de Saint-Jean jusqu'au cap de Sable : il lui donne le nom de *Baye-Françoise*. La troisieme, se-
F ij

lon lui, eſt l'*Acadie*, depuis le cap de Sable juſqu'à *Camceaux*; & c'eſt ce que les Anglois ont d'abord nommé Nouvelle-Ecoſſe. La quatriéme, qui étoit ſon domaine & ſon gouvernement, depuis Camceaux juſqu'au cap des Roſiers, il l'appelle *la Baye de S. Laurent*: d'autres la nomment la Gaſpéſie.

Ne diroit-on pas même que l'on ait eu en vûe cette façon de penſer de nos deux plus anciens auteurs ſur l'Acadie, lorſqu'on a déclaré dans le traité d'Utrecht que le Roi Très-Chrétien cédoit à la Reine d'Angleterre, & à ſes ſucceſſeurs à perpétuité, *l'Acadie ou Nouvelle - Ecoſſe, conformément à ſes anciennes limites, comme auſſi la ville de Port-Royal,* ou Annapolis-Royale, *avec ſa banlieue.* Car puiſque ce traité ajoute le Port-Royal à l'Acadie ou Nouvelle-Ecoſſe; il s'enſuit, ce ſemble, qu'il ne

comprenoit pas toute la Presqu'e-
le sous le nom d'Acadie ou de
Nouvelle-Ecosse.

A la vérité dans plusieurs traités qui se font faits entre les deux
Couronnes, on trouve le nom de
Nouvelle-Ecosse attribué tantôt
à la Péninsule exclusivement à la
côte méridionale du Canada, tantôt à cette côte exclusivement à la
péninsule. Mais on ne prouvera
par aucun mémoire qui puisse faire foi, que l'une & l'autre l'ayent
porté en même tems. Outre que
les changemens de nom font modernes, & qu'il s'agit entre les
Anglois & nous des anciennes limites de l'Acadie ou Nouvelle-
Ecosse.

En Angleterre même la Péninsule & les côtes du Continent qui
lui sont paralleles, ont autrefois si
peu formé deux cantons confon-
us sous la même dénomination
que l'on a vû que quand Sir Wil-

liam Alexandre fut gratifié par le Roi Jacques I. de tout ce qui avoit été enlevé à la France dans cette vaste partie du Canada, il nomma la Péninsule Nouvelle-Ecosse, & donna au reste le nom de Nouvelle-Alexandrie.

Les Anglois étendent cette province entre les quarante-troisieme & cinquante & unieme dégrés latitude nord. La ville de Port-Royal sa capitale n'a jamais été fort considérable. Quoique cette place fût dans une situation très-avantageuse pour les François à qui elle donnoit la commodité d'inquiéter les Anglois de la Nouvelle Angleterre, & de troubler le commerce de leurs colonies septentrionales : quoiqu'il s'y fît un gros négoce en bois de construction, en poisson, en fourrures, en cuirs verds ; négoce qui avoit attiré en Acadie plus de six mille habitans ; jamais tant qu'elle a ap-

partenu à la France, elle n'a eu
d'autre fortification que de mé-
chantes paliſſades incapables d'arrêter le moindre corps de troupes.

Les Anglois ont mis cette ville
dans un état un peu meilleur, depuis qu'elle eſt entre leurs mains.
C'eſt en l'honneur de la Reine Anne qu'ils lui ont donné le nom
d'Annapolis. Le commerce qu'ils
y font eſt le même que celui qui y
a eu lieu de tout tems. Il conſiſte
en bois de conſtruction, en fourrures, en poiſſon, &c. Les Sauvages
leur apportent les pelleteries, &
les troquent avec eux pour des
marchandiſes d'Europe de peu de
valeur, dont les habitans d'Annapolis ont ſoin de ſe fournir.

Cette ville eſt ſituée au fond
d'une baye qui forme un baſſin, auquel on donne deux lieues de long
ſur une de large. On eſtime que ce
baſſin peut contenir mille bâti-

mens à la fois. L'entrée en eft difficile.

Il étoit important pour les Anglois de s'affurer de la poffeffion de l'Acadie, indépendamment des raifons qui peuvent naître de l'étendue qu'elle ajoute à leur domaine. Les François qui s'étoient établis dans cette contrée, s'allioient avec les Sauvages qui demeurent à l'Eft de la Nouvelle-Angleterre, & s'en fervoient pour mettre obftacle aux progrès de cette Colonie. En tems de guerre ils en tiroient d'utiles fecours dans les incurfions qu'ils faifoient aux environs du Nouvel-Hampfhire & de la province de Main. Du côté de la mer, Port-Royal fervoit de retraite aux armateurs qui couroient fur les vaiffeaux Anglois. C'étoit le Dunkerque de l'Amérique.

La ceffion qui a été faite de ce pays à la Grande-Bretagne, a rendu du la Nouvelle-Angleterre plus tranquille, & a affuré fon commerce. Les Anglois ne font pourtant pas tout-à-fait délivrés des inquiétudes que leur donnoient les alliances des Sauvages avec les François. Ces derniers qui habitoient en Acadie n'ayant pas voulu fe foumettre à la domination Angloife, fe font retirés dans la Gafpéfie, d'où ils incommodent leurs voifins.

Les terres de l'Acadie font prefque toutes fertiles en bled, pois, fruits & légumes, qui, avec le gros & menu bétail dont les habitations font pourvûes, fuffifent pour la fubfiftance de la Colonie, & la mettent même en état d'en fournir les autres Colonies.

On y trouve dans plufieurs endroits des mâtures plus fortes que celles de Norvege. Le Mairrain qu'on y fait, & qui fert à conftruire des barriques pour encaquer le

Productions naturelles.

G

poisson & pour mettre l'huile de loup-marin, est excellent. Il s'en envoye en Europe.

L'île aux Loups, ainsi nommée de la grande quantité de loups-marins qui y terrissent, fournit beaucoup de peaux de ces amphybies, & de l'huile. On la tire du lard des plus jeunes, dont trois ou quatre suffisent pour faire une barrique. Cette huile quand elle est fraiche, est très-douce & très-bonne à manger. On s'en sert aussi à plusieurs autres usages, particulierement à brûler. Elle n'a point de mauvaise odeur.

Commerce de l'Acadie.

La traite de la Pelleterie, l'apprêt de la morue-seche qui donne en abondance à la côte, offrent aux habitans de l'Acadie des moyens plus prompts de s'enrichir. Parmi les pelleteries qu'on y achete, le castor tient le premier rang, les autres sont les loutres, les loups-cerviers, les re nards & plusieurs autres. Les peaux d'orignacs (*a*) forment aussi une partie considérable du commerce de l'Acadie. Les castors qui viennent de cette province & des autres Colonies Angloises plus méridionales, se vendent librement par les particuliers en Angleterre, sans dépendre d'aucune compagnie. Ils valent à Londres 5 à 6 schellings la livre.

La pêche de la morue se fait dans la plûpart des rivieres & des petits golphes de cette côte. Par l'article 12, du traité d'Utrecht,

(*a*) On appelle *Orignac* ou *Orignal* dans le Canada & dans toute l'Amérique septentrionale, une sorte d'animal sauvage que l'on appelle *Ellend* & *Elant* en Europe.

L'ellend fournit de deux sortes de marchandises, l'une qui est le pied se vend par les marchands épiciers-droguistes ; il s'en débite très-peu. On lui attribue la propriété de suspendre les accès de l'épilepsie. L'autre est la peau que l'on passe en huile à la façon des buffles. Elle s'emploie pour des baudriers, des ceintures, des gans, &c.

il eſt défendu *aux ſujets du Roi de France, d'exercer ladite pêche à 30 lieues près les côtes de la Nouvelle-Ecoſſe, depuis l'île de Sable incluſivement, en tirant au ſud-oüeſt.*

Les marchandiſes d'Europe que l'on porte à la Nouvelle-Ecoſſe, conſiſtent en tout ce qui eſt néceſſaire pour le vêtement, le ménage & même en comeſtibles de différens genres. On les débarque à Annapolis, d'où elles ſe diſtribuent dans le reſte du pays. Les Anglois Arcadiens ſe fourniſſent auſſi en partie à Baſton & dans les autres colonies de leur nation qui ſont plus au ſud.

Le gouvernement d'Angleterre profita de la réforme qui ſe fit des troupes de ce royaume, à la concluſion de la derniere paix, pour augmenter la colonie de la Nouvelle-Ecoſſe. Il offrit d'abandonner des terres aux offiziers & aux ſoldats qui voudroient y paſfer & s'y établir. Ce projet fut formé par le Lord Hallifax. La cour l'ayant accepté en 1749 , les Lords Commissaires chargés de la direction du commerce & des colonies firent publier par son ordre qu'il seroit accordé 50 âcres de terre à tout soldat ou matelot qui voudroit se fixer dans cette partie de l'Amérique , sans être tenu d'aucune redevance durant l'espace de dix ans , & sans pouvoir être forcé de payer après ce terme au-delà d'un schelling par an pour ces 50 âcres.

A chaque soldat qui auroit femme & enfans , dix âcres de plus par chaque personne dont sa famille seroit composée, & même par chaque tête dont elle viendroit à être augmentée.

A chaque bas-Officier 80 âcres & 15 âcres de plus par chaque personne qui dépendroit de sa famille ; 200 âcres à chaque Ensei-

gne; 300 à chaque Lieutenant;
400 à chaque Capitaine ; 600 à
tout Officier d'un rang au-deſſus
de celui de Capitaine, & 30 âcres
de ſurcroît à ces mêmes Officiers
par chaque perſonne que leur famille comprendroit.

Le gouvernement promit de
plus de faire les frais du tranſport, de la nourriture, & de l'entretien des nouveaux colons durant l'eſpace d'une année après
leur arrivée ; & qu'il leur ſeroit
fourni des armes, des proviſions,
des uſtenciles, des outils, autant
qu'il ſeroit jugé néceſſaire pour les
mettre en état de défricher & de
cultiver les terres, de bâtir des habitations, d'exercer la pêche, &c.

Les conditions faites aux Soldats & Matelots furent offertes à
tous Charpentiers, Calfas, Ser-
ruriers, Mâçons, Menuiſiers, Bri-
quetiers, & autres ouvriers en
tout genre qui voudroient paſ-

ser en Acadie. Les Chirurgiens qui s'embarqueroient pour s'y habituer, devoient être traités sur le même pied que les Enseignes.

Cet avertissement fut publié au mois de Mars : & au commencement de Mai il s'embarqua pour l'Acadie 3,750 personnes. Elles se sont établies sur les côtes qui bordent la baye de Chebucto, & y ont bâti une ville à laquelle ils ont donné le nom de *Hallifax*, en l'honneur de l'auteur du projet. Au mois d'Octobre de la même année, il y avoit déja 350 maisons élevées, & l'on s'attendoit qu'avant l'hiver il y en auroit bien davantage.

Le Parlement a alloué des sommes considérables pour l'aggrandissement de cette colonie. Dans la même année où s'est embarquée la première peuplade qu'on y a envoyée depuis la paix, il donna

pour cet embarquement & les autres frais de l'entreprise une fomme de 40,000 liv. fterl. (920,000
liv. tournois). Il donna en 1750,
pour le même objet, une autre
fomme de 57,582 liv. 19 fchel. 3
d. $\frac{1}{2}$ fterl. (environ 1,324,400 liv.
tournois), & en 1751, une troi-
fieme fomme de 53,927 liv. 14
fchel. 4 d. fterl. (environ 1,240,
221 liv. tourn.)

CHAPITRE IV.

De la NOUVELLE-ANGLE-TERRE. Découverte de la NOU-VELLE-ANGLETERRE: éta-blissement de cette contrée: la-que le comprend la Colonie de la NOUVELLE-PLYMOUTH, la Colonie des MASSACHU-SETTS, la Colonie de la CON-NECTICUTE, la Colonie de NEW-HAVEN, la Colonie du NOUVEL-HAMPSHIRE & de la Province de MAIN, les Co-lonies de RHODEISLAND & de la PROVIDENCE. Constitu-tion de la NOUVELLE-AN-GLETERRE: état de cette Co-lonie: ses productions naturelles: Commerce de la NOUVELLE-ANGLETERRE.

LA Nouvelle-Angleterre s'é-tend le long de la mer depuis la Nouvelle-York jusqu'à l'entrée

De la
Nouvelle-
Angleter-
re.

d'une riviere nommée *Kinibeki*. Elle occupe une fuite de côtes d'environ 300 milles (100 lieues) depuis le 41 degrés de latitude feptentrionale jufqu'en approchant du 45. Sa plus grande largeur eft de 50 milles : quelques auteurs la portent à 190 ; mais leur fentiment eft peu fuivi. Selon la pofition de cette contrée au milieu de la Zone tempérée , elle devroit jouir du même air que le Languedoc & l'Italie : l'hiver y eft cependant plus froid que dans la Grande-Bretagne.

Découverte de la Nouvelle-Angleterre.

On ne fait rien de détaillé fur la découverte de ce pays , & fur le commerce que les Européens y ont exercé jufqu'au voyage du Capitaine Bartholomée Gofnold dans l'année 1602. Jean Cabot ne fit qu'en reconnoître les côtes, lorfqu'il alloit à la découverte du continent de l'Amérique feptentrionale. Amidas & Barlou qui

commercerent en 1684 dans la
Virginie pour le compte d'une
compagnie qu'avoit formé le
Chevalier Walter Raleigh dans le
dessein d'y former une colonie,
ne pénétrerent pas jusqu'à cette
contrée, & Sir François Drake
qui y fit une descente y demeura
fort peu de tems.

Le souvenir des premiers navigateurs qui y avoient abordé
étoit tellement effacé que ce fut
le hazard qui y conduisit le Capitaine Bartholomée Gosnold. Les
Anglois qui n'avoient commencé
à fréquenter les côtes orientales
du continent de l'Amérique septentrionale que depuis que Sir
Raleigh avoit tenté d'y fonder
une colonie, ne connoissoient pas
alors toute leur étendue, ni la
vraie route qui y conduisoit de
chez eux. Pour y aller ils pre-
noient par les Canaries & les Ca-
raïbes ; ce qui allongeoit leur

voyage de plus de mille lieues. Le Capitaine Gofnold fentit qu'il devoit y avoir un chemin plus court. Il mit à la voile de Dartmouth, & cingla prefque toujours à l'oüeft, au lieu de dériver au fud, comme on le pratiquoit ordinairement. Cette manœuvre le conduifit parmi des îles qui font fur le côté feptentrional d'une baye que l'on appelle à préfent *la Baye des Maffachufetts*.

Gofnold n'avoit que des vûes de commerce. Cet endroit ne lui paroiffant pas favorable pour y trafiquer, il remit à la voile & tira au fud. Après avoir vogué toute la nuit, lorfque le jour fut venu, au lieu de fe trouver au large, il fe vit enfermé dans une anfe que formoit une langue de terre très-avancée dans la mer. Il prit le parti de s'y arrêter, & donna à ce promontoire le nom de *Cap-cod*, à caufe de la quantité de morue qui abonde autour de ce cap. Ce poisson se nomme *cod* en Anglois.

Gosnold descendit dans deux petites îles voisines du cap-cod; il nomma l'une *l'île Elisabeth*, & l'autre *Martha's Vineyard*. Il y séjourna environ un mois, & commerça avec les naturels du pays. Le bénéfice qu'il retira de ce voyage, & la peinture avantageuse qu'il fit du pays engagerent des négocians de Plymouth, d'Exeter & de Bristol (qui l'avoient employé) à entreprendre un établissement dans cette nouvelle contrée.

Des marchands, & de riches particuliers de Londres conçurent dans le même tems le dessein de former une colonie dans une autre partie de la Virginie; je dis dans une autre partie de la Virginie; car alors les Anglois comprenoient sous ce nom tous les pays qui s'étendent de la Floride à la Nouvelle-Ecosse.

Les uns & les autres, c'eft-à-
dire les négocians de Plymouth,
&c. & ceux de Londres demanderent au Roi une charte qui les
autorifât à s'établir dans ces cantons éloignés. Ils obtinrent en
1606 de Jacques I. des lettres patentes (datées du 10 Avril), par lefquelles il en compofoit deux compagnies diftinctes fous le nom de
*premiere & feconde Colonie de la
Virginie*, & leur cédoit la propriété d'une étendue de cent milles
de pays dans tel endroit de cette
partie de l'Amérique qu'ils voudroient choifir, favoir les avanturiers de Londres entre le 34 &
le 41 degré de latitude feptentrionale (*a*), & les avanturiers de
Plymouth entre le 38 & le 45.
Mais fans pouvoir entre-mêler
leurs poffeffions, ni laiffer entre

(*a*) Les Anglois appellent *Avanturiers* ceux
qui prennent des actions dans les compagnies
formées pour foutenir des colonies, ou pour
telle entreprife que ce foit.

les colonies qu'ils éleveroient un espace moindre de cent milles.

La charte distingua les conces-sions de ces deux compagnies, en nommant celle des associés de Londres *Virginie méridionale* ; & celle des associés de Plymouth, *Virginie septentrionale*. Par un arti-cle de la charte les deux colonies furent déclarées relever en plein fief & en foi & hommage du Châ-teau - Royal de Greenwich , au Comté de Kent en Angleterre; & le Roi ne se réserva pour toute redevance que le cinquieme de l'or & de l'argent qui seroit trou-vé en quelque tems que ce fût dans toutes les terres qui leur étoient accordées. On n'ambi-tionnoit alors d'avoir un pied dans l'Amérique que par l'espé-rance d'y découvrir quelques mi-nes d'or ou d'argent.

La compagnie de Plymouth que l'on nommoit aussi *le Conseil*

de Plymouth, parce que le plus grand nombre des affociés demeuroit dans cette ville, envoya la même année 1606 un vaiffeau fous la conduite de Henri Challons pour examiner plus particulierement le pays où elle devoit envoyer des colons. Ce Capitaine ayant pris fa route par les îles Antilles fut pris par les Efpagnols. Cet accident découragea les affociés, & peut-être auroient-ils renoncé à l'entreprife fi le Lord Popham qui en étoit l'ame n'eût envoyé à fes propres dépens un autre vaiffeau. Celui-ci qui fit un voyage heureux, leur rendit leur premier empreffement. Ils armerent pour une nouvelle expédition deux navires fur lefquels cent hommes s'embarquerent avec toutes les provifions néceffaires. Ils aborderent en 1608 en Amérique, & commencerent un établiffement à l'embouchure de
la

la riviere Sagadahock : mais la
mort du Lord Popham qui arriva presque aussi - tôt, entraîna la
ruine de cette colonie naissante.

Néanmoins les navigateurs continuoient toujours de visiter ces
côtes, attirés par les profits que
leur offroient la pêche & le commerce des pelleteries. Les choses
resterent en cet état jusqu'en
1614, que quatre particuliers
équiperent deux vaisseaux pour
aller faire la troque avec les Sauvages de l'Amérique. Jean Smith
qui avoit été Président de la colonie de la Virginie méridionale,
commandoit l'un de ces deux
vaisseaux. Il fit voile vers la Virginie septentrionale. Y étant
abordé , tandis que les gens de
son équipage s'occupoient à la pêche, il parcourut le pays à quelque distance de la mer , & en leva
le plan. Il le présenta à son retour
au Prince Charles , depuis Roi

H

d'Angleterre après la mort de Jacques I. son pere. Ce fut ce Prince qui donna au pays le nom de *Nouvelle-Angleterre* qu'il a toujours porté depuis ce tems-là.

L'expédition de Smith qui lui avoit été favorable, ranima les espérances des concessionnaires. Ils envoyerent un vaisseau pour essayer de les réaliser. Ce vaisseau arrivé à la côte de la Nouvelle-Angleterre, ne put seulement mettre du monde à terre. Les Sauvages, mécontens des Anglois avec qui ils avoient trafiqué précédemment, attaquerent ceux-ci lorsqu'ils se présenterent. Une autre tentative qui fut faite dans la même vûe en 1619, rencontra le même obstacle, & n'eut pas un plus heureux succès.

Ces difficultés rebuterent absolument les concessionnaires : ils abandonnerent leur projet, & ne firent usage de leur charte qu'en

accordant de petits emplacemens
fur les côtes de leur conceſſion à
des marchands particuliers qui
y établiſſoient des factories en été
pour la commodité de la troque
avec les Sauvages. Il eſt probable
que le deſſein d'élever une colonie dans ces cantons eût échoué
entierement, ſi de nouvelles circonſtances n'avoient porté des
perſonnes de conſidération à entreprendre de l'exécuter. Je veux
parler des Non-conformiſtes qui,
voyant qu'il ne leur étoit pas permis de jouir dans l'ancienne Angleterre de la liberté de conſcience après laquelle ils ſoupiroient,
réſolurent de l'aller chercher
dans la Nouvelle.

Pluſieurs s'étoient déja retirés
en Hollande depuis quelques années pour éviter le zele perſécu-
teur des Prélats. John Robin-
ſon, Miniſtre Browniſte, & John
Brewſter étoient à leur tête. Ils

eurent d'abord quelque peine à obtenir la permiſſion de s'établir en Amérique. Mais enfin on ſouffrit qu'ils traitaſſent avec les conceſſionnaires de la Virginie ſeptentrionale.

En 1621 ils s'embarquerent à Plymouth au nombre de 120 perſonnes, & mirent à la voile le 6 Septembre. La route qu'ils tinrent les conduiſit au cap-cod dans la Nouvelle-Angleterre. Comme ce lieu ne faiſoit pas partie des terres qui leur étoient cédées, ils entreprìrent de s'en éloigner & de cingler au ſud. Mais le mauvais tems & la rigueur de la ſaiſon (on touchoit à la mi-Novembre) les forcerent de ſe fixer dans l'endroit où ils avoient débarqué. Se trouvant hors de l'étendue de pays que la compagnie avec laquelle ils avoient traité leur avoit concédée, & par la néceſſité où ils étoient de s'arrêter dans un

lieu qui ne dépendoit ni de l'Angleterre , ni d'aucune puiſſance
de l'Europe ; ſe voyant , pour ainſi dire , rendus à leur liberté naturelle , ils commencerent par
dreſſer un acte , dans lequel ils ſe
reconnurent ſujets de la couronne d'Angleterre , & s'engagerent
ſolemnellement à obſerver les
loix qu'ils feroient d'un commun
conſentement pour le bien de la
colonie. Tous les chefs de famille, au nombre de 41 , ſignerent cet
acte, & élurent en même tems un
d'entr'eux, John Carwer, Gentilhomme d'une fortune conſidérable, pour être leur Gouverneur
durant cette année. C'eſt ainſi que
toutes les ſociëtés ont dû ſe former lorſque la barbarie ou la force n'empêchoient pas ceux qui ſe
reuniſſoient d'uſer de leur raiſon.

Les nouveaux colons choiſi-
rent quelque tems après un havre

commode dans la baye du cap-
cod pour y former leur établiffement. Ils luï donnerent le nom
de *New-Plymouth* ou *Nouveau-Ply-*
mouth, en mémoire du lieu d'où
ils étoient partis d'Europe. Leur
nombre fe trouvoit réduit pour
lors à 19 familles. Chacune eut
pour fon logement un terrain d'u-
ne perche en largeur, & de trois
en longueur; & pour prévenir
toute difpute, on partagea par lot
les efpaces qui devoient compo-
fer l'enceinte de la petite ville qu'
ils vouloient élever.

Tels furent les foibles commencemens de la colonie de la
Nouvelle - Angleterre, aujour-
d'hui une des plus floriffantes que
les Anglois ayent en Amérique.
D'abord fes progrès furent lents
En 1629 elle ne comprenoit encore qu'environ 300 perfonnes.
Cependant le commerce qu'elle
faifoit l'avoit déja mife en état de

rembourser ceux qui avoient fait des avances pour sa fondation.

Comme les habitans du Nouveau-Plymouth n'étoient point autorisés par la couronne d'Angleterre à occuper le terrain où ils avoient bâti leur ville, ils pouvoient craindre que quelques courtisans n'en demandassent au Roi la propriéé, & qu'ils ne vinssent les déposséder. Pour prévenir les vexations qu'ils auroient eues à essuyer dans ce cas, ils engagerent leur Gouverneur (William Bradford) à solliciter en son nom la concession du pays. Lorsqu'il l'eut obtenue, ils lui acheterent ses droits, & par-là devinrent eux-mêmes seigneurs propriétaires.

Dès que l'on vit en Angleterre que cette colonie étoit établie assez solidement pour n'avoir pas lieu de craindre qu'elle se dispersât, un grand nombre de *Non-conformistes* conçurent le dessein de s'y retirer, afin d'éviter la tirannie qu'on exerçoit à leur égard, & qui devenoit de jour en jour plus insupportable, depuis que Charles I. étoit monté sur le thrône. Ce Prince avoit abandonné totalement le gouvernement de l'Eglise à des hommes imbus de principes arbitraires, intolérans, & beaucoup plus disposés à tourmenter qu'à concilier les différens partis qui divisoient l'Eglise Anglicane.

L'ambitieux Laud, Evêque de Londres, & depuis Archevêque de Cantorbery, à qui Charles I. avoit donné sa confiance, engageoit ce Monarque dans des démarches violentes qui rendoient son gouvernement odieux. La cour Ecclésiastique qu'on nomma aussi *la haute commission*, instituée à l'occasion des démêlés de Religion qui troubloient l'Angleterre, étoit devenue une inquisition Protestante

proteftante fous fon adminiftra-
tion. Ce tribunal condamnoit à
des amendes exorbitantes, à la
prifon, au banniffement fans é-
gard pour les loix fondamentales
de l'état, & fans autre regle que
le caprice & la volonté fuprême
des Evêques.

Ce furent ces excès qui détermi-
nerent des milliers de fujets à for-
tir du royaume, & à aller chercher
un afile dans les deferts du Nouveau-monde. En 1628 John White,
Miniftre de Dorcefter, ayant
obtenu une patente du confeil de
Plymouth, forma une compagnie
qui entreprit de tenter un établiffement dans la baye des Maffachufetts. Elle arma une flote de
fix vaiffeaux, fur laquelle s'embarquerent 350 perfonnes, avec 115
pieces de bétail, des chevres, des
lapins, fix pieces de canon, des
munitions de guerre, des tam-
bours, des étendarts, &c. cette

Colonie
de la baye
des Maffa-
chufetts.

I

flote mit à la voile le premier Mai, & arriva le 24 de Juin dans la baye, dans l'endroit où est aujour-d'hui la ville de Salem, que les nouveaux colons y bâtirent.

Cette transmigration qui ne put se faire sans un certain éclat, fut un exemple que les Non-confor-mistes s'empresserent d'imiter. Dès l'année suivante, une foule de personnes de tout sexe & de tout rang, vint sur une flote de dix voiles renforcer la colonie nais-sante de la baye des Massachu-setts. Plusieurs villes qui sont au-tour de Salem, telles que Charles-Town, Vatertown, Dorchester, Boston, &c. doivent leur origine à cette peuplade.

En 1635, une flote de vingt voiles vint encore à la même baye. Une partie des passagers qu'elle apporta, allerent s'établir quel-que tems après sur les bords de la Connecticute, & y jetterent les

fondemens de plusieurs villes : entr'autres d'Hertford, de Wind-
sor, de Weatherfield, de Sprin-
gfiseld, &c. ils étoient autorisés
par une charte émanée de l'assemblée de la baye des Massachusetts.
Comme ils se voyoient hors des
limites de ce gouvernement, ils
se formerent une constitution particuliere, & s'engagerent mutuellement d'obéir aux loix qui passe-
roient à la pluralité des voix dans
leurs assemblées d'Etat (on nomme ainsi les Parlemens des colonies.) Cette colonie obtint de
Charles II. en 1662, une charte
très - favorable. On appelle cet
établissement la colonie de la
Connecticute, à cause de la riviere de ce nom, sur les bords de laquelle elle s'est fixée à 50 ou 60
milles de son embouchure.

La persécution qui continuoit
toujours en Angleterre, fit naître
vers ce tems-là dans l'esprit de

plusieurs personnes de qualité de la secte des Puritains, l'idée d'aller demeurer en Amérique, espérant trouver dans ces climats sauvages là paix qui leur étoit refusée dans leur pays natal. Le Lord Say, le Lord Brooke & plusieurs autres Seigneurs & Gentilshommes de marque, avoient acheté du Comte de Warwick la propriété de quelques terres dans la Nouvelle-Angleterre auprès de la riviere des Narrhagausetts que Charles I. avoit accordée à ce Comte en 1630. Ils envoyerent à leurs dépens dans cette contrée un gentilhomme nommé Fenwich; pour y commencer un établissement. Fenwich y bâtit une ville qu'il nomma Say-Brook, en l'honneur des deux Lords qui l'avoient emploïé. Mais les troubles qui augmentoient en Angleterre donnant lieu de penser à ses commettans qu'ils serviroient leur patrie plus utilement en ne s'éloignant pas du royaume, ils renoncerent à quitter l'Europe, & autoriserent ce Gentilhomme à traiter de leurs terres avec la colonie de la Connecticute.

L'expédition de Fenwich dans la Nouvelle - Angleterre, ayant fait connoître le dessein du Lord Say & de ses associés, la cour en prit de l'inquiétude. Une pareille désertion l'allarma, principalement à cause du bruit qui courut alors, que quelques - autres personnes de considération, entre lesquelles on comptoit Cromwell, méditoient un semblable projet. Elle crut y mettre obstacle en publiant une proclamation portant défense aux officiers des ports de laisser embarquer aucun Nonconformiste pour le Nouveau-Monde.

Cette proclamation ne produisit d'autre effet que d'exciter les

I iij

moqueries de la nation. Loin que l'affluence des Anglois d'Europe en Amérique diminuât, ils y vinrent en si grand nombre en 1637, que ne trouvant pas de place dans la baye des Maſſachuſetts, ils allerent s'établir à l'embouchure de la Connecticute ſur un terrain qui n'avoit encore été concédé à perſonne, & y bâtirent Guilford, Milford, Stamford, Brainford, & New-Haven : cette derniere ville donna ſon nom au reſte de la colonie.

La colonie de *New-Haven* n'eut ni charte ni commiſſion, ſoit de la couronne d'Angleterre, ſoit du gouvernement de la baye des Maſſachuſetts. Mais elle acquit le plus inconteſtable de tous les droits à la poſſeſſion du pays qu'embraſſe ſon territoire par la ceſſion que les naturels lui en firent. Les premiers colons, qui par la ſituation du lieu où ils s'étoient fixés ne

se trouvoient compris dans l'étendue d'aucun gouvernement voi-
sin, s'unirent en corps politique,
& s'obligerent mutuellement à se
défendre les uns les autres, ainsi
qu'à obéir aux loix qu'ils feroient
dans leurs assemblées.

Tandis que ces établissemens
se formoient dans le sud-oüest de
la Nouvelle-Angleterre, ses fron-
tieres s'étendoient en même tems
sur le nord-est. Des détachemens
sortis de la baye des Massachusetts éleverent entre les rivieres
de Merrimack & de Sagadahock
plusieurs villes qui composent
deux Comtés que l'on nomme,
l'un le *Nouvel-Hampshire*, & l'autre la *Province de Main*. Ces deux
Comtés sont situés, hors du territoire de la colonie de la baye des
Massachusetts. Ceux qui s'y trans-
porterent s'unirent en corps politique, de même que la colonie de
la Connecticute. La division s'é-

Colonie du Nouvel Hampshire, & de la Province de Main.

tant mife parmi eux, ils renoncerent à l'autonomie, & fupplierent
l'affemblée générale des Maffachufetts de leur permettre de fe
ranger fous fa dépendance.

Colonie de Rhode-Ifland, & de la Providence.

Outre ces grands établiffemens,
il s'en étoit formé deux autres
bien moins confidérables : un à
Rhode-Ifland en 1638, & un autre en 1640 à la Providence, fur
la baye des Narragaufetts. Ces
deux colonies furent incorporées
en 1663 par une charte de Charles II & érigées en un gouvernement particulier. Elles avoient
déja reçu une charte du gouvernement de la baye des Maffachufetts.

Ces différens établiffemens a-
voient chacun leurs loix particulieres & leurs Magiftrats qui
étoient élus par les colons mêmes. Quoiqu'ils fiffent autant
de gouvernemens diftincts les
uns des autres, ils étoient néan-

moins unis par une confédération
pour les choses qui les intéres-
soient en commun. Ils confirme-
rent leur alliance en 1643 par un
acte dans lequel ils prirent le nom
de *Colonies-unies*. En vertu de cette alliance deux Commissaires députés de chaque établissement
devoient se trouver dans un lieu
marqué pour y décider des affaires de la Nouvelle - Angleterre,
suivant les directions de l'assemblée particuliere de la colonie
qu'ils représentoient.

La Nouvelle-Angleterre sub-
sista sur ce pied jusqu'en 1684
qu'il plut à Charles II. de révo-
quer les chartes des colonies qu'-
elle comprenoit, & de changer
leur constitution. Ce Prince réunit la Nouvelle Plymouth & la
baye des Massachusetts en un seul
gouvernement, duquel il fit dépendre la Connecticure, New-
Haven, Rhode-Island, & la Pro-

vidence. Il laiſſa le Nouvel-Hampshire continuer de former un diſtrict particulier qui devoit même avoir ſon Gouverneur propre. Mais il nomma la même perſonne à ces deux gouvernemens; c'eſt-à-dire que le Gouverneur de Baſton le fut tout à la fois du Nouvel-Hampshire. La cour n'a point ſéparé depuis ces deux offices. En même tems que Charles II. fit ces changemens, il priva les colons du droit d'élire leurs principaux Magiſtrats, & leva des impôts de ſa ſeule autorité ſur la colonie. Ce deſpotiſme ne dura pas. A peine la nouvelle de la révolution arrivée dans la Grande-Bretagne en 1688 fut-elle parvenue dans ces cantons, que les Baſtonnois fatigués des procédés arbitraires de leur nouveau Gouverneur, prirent les armes, l'arrêterent, & après l'avoir tenu en priſon quelque tems, le renvoyerent en Europe.

Ils se flattoient de recouvrer leurs anciennes libertés. Mais comme elles les mettoient trop hors de la dépendance de l'Angleterre, dans laquelle l'intérêt de ce Royaume, leur pays originaire, vouloit qu'on les retînt, ils obtinrent seulement de Guillaume III. en 1699 une nouvelle charte qui les rétablit dans une partie de leurs droits.

Suivant cette charte, la nomination du Gouverneur, du Lieutenant-Gouverneur, du Secrétaire, & des Officiers de l'Amirauté, est totalement réservée à la couronne d'Angleterre.

Le commandement de la milice appartient au Gouverneur nommé par le Roi, comme Capitaine général.

Tous les Juges inférieurs & supérieurs, les Sheriffs doivent être nommés & préposés par le Gouverneur, mais avec l'avis & le confentement du Confeil.

Le Gouverneur peut rejetter les loix qui lui font propofées par l'affemblée générale de la colonie, & caffer les actes qu'elle a faits.

Enfin, toutes les loix formées dans l'affemblée générale, & aux-quelles le Gouverneur a donné fon approbation, doivent être encore confirmées par le Roi même ; & fi dans l'efpace de trois ans le Roi vient à les rejetter, elles demeurent fans force.

Par ces difpofitions la Nouvelle-Angleterre perdit la nomination de fes Magiftrats, le commandement de la milice, & la voix conclufive dans la légifla-tion : prérogatives dont elle jouif-foit avant 1684, & qui la rendoient en quelque forte un état libre à-peu-près comme étoit la République de Hollande avant que le Sthathouderat fût devenu héréditaire. Il lui reste cependant encore de grands priviléges.

L'assemblée générale de cette colonie est composée de Magistrats, & d'un certain nombre de Députés élus par chaque canton. Elle a seule concurremment avec le Gouverneur le pouvoir d'imposer des taxes, de faire des concessions & des loix. C'est en elle que réside le droit de juger souverainement, de prendre connoissance des griefs du peuple, & d'y apporter remede.

Les Magistrats & les Députés forment deux chambres distinctes. Il faut que les loix, les actes, &c. ayent passé à la pluralité des voix dans toutes les deux avant que d'être présentées au Gouverneur pour obtenir son *assent*, c'est-à-dire son consentement.

Cette assemblée générale ne sauroit être convoquée que par

le Gouverneur, son Député, ou
la cour des Assistans. Quand elle
est convoquée elle peut appeller
devant elle le Gouverneur, ou tel
des Magistrats qu'elle trouve à
propos, & examiner leur conduite. C'est à elle que ressortissent les
appels que l'on interjette des
cours de judicature inférieures.

Chaque ville qui contient plus
de trente Bourgeois doit envoyer
deux Députés à l'assemblée générale. Boston en nomme quatre.
Une ville qui n'a pas vingt Bourgeois ne peut envoyer qu'un Député.

Un des avantages de la constitution de la Nouvelle-Angleterre, est que l'assemblée générale élit tous les ans les membres
du Conseil qui doit assister le Gouverneur de ses avis. Il est vrai que
le Gouverneur doit donner son a-
grément aux sujets qu'elle nomme.
La colonie de la Connecticut

& celle de Rhode - Island , lorsque Charles II. leur avoit redemandé leur charte , avoient usé d'une ruse qui leur servit à la révolution. Elles n'avoient remis que celle qu'elles avoient obtenues de ce Prince. De sorte que quand Guillaume III. monta sur le thrône de la Grande - Bretagne , elles firent valoir celles qu'elles tenoient de l'assemblée de la baye de Massachusetts. En vertu de ces chartes, le peuple dans ces deux colonies jouit de toute l'autorité. Il élit tous les ans les membres de son Parlement , de son Conseil d'Etat , & son Gouverneur même. La milice n'y reçoit point d'ordres de la couronne. En 1693, Guillaume III. ayant nommé pour commander en son nom les troupes de la Connecticute , Benjamin Fletcher qui étoit déja Capitaine général & Gouverneur de la Nouvelle-York , de la Penfilvanie, &c. cet Officier ne put se faire reconnoître.

Dès l'année 1648, la Nouvelle-Angleterre se voyoit dans un état floriffant. Elle contenoit 24 à 25,000 ames, parmi lefquelles on comptoit 7 à 8,000 hommes. Elle avoit 50 villes ou villages bien bâtis, 40 églifes, un château, des forts, des prifons, des grands chemins, &c. La propreté des maifons, la beauté des rues qui étoient bien pavées, la commodité des magafins, des ports, des quais ; le nombre des vaiffeaux qui appartenoient aux habitans auroient fait douter de la nouveauté de cet établiffement.

Des colons, les uns s'appliquoient à l'agriculture, femoient des grains, & élevoient du bétail. Les autres faifoient commerce des productions du pays : telles que la farine, le bifcuit, le bœuf falé, le poiffon, &c. Ils regardoient

doient alors comme leur principale reſſource cette derniere denrée qui eſt encore une des meilleures branches de leur commerce.

La guerre civile n'apporta aucun obſtacle à la proſpérité de la
Nouvelle-Angleterre. Mais lorſque la liberté dont elle avoit joui,
tandis que l'adminiſtration avoit
été entre les mains du Parlement &
de Cromwell, vint à être génée fous
le regne de Charles II. & de Jacques II. ſes progrès ſe rallentirent.
La charte que Guillaume III. lui
accorda, rétablit chez elle la tranquillité, ranima ſon commerce,
& rappella l'abondance. Ses richeſſes, ainſi que ſa puiſſance,
ſont aujourd'hui portées à un
point qui donne de la jalouſie
à l'état dont elle tire ſon origine.

En 1646, un Miniſtre nommé
Elliot, que l'on appelle l'*Apôtre des*

Indiens (*a*), entreprit de convertir les Sauvages de la Nouvelle-Angleterre à la foi de J. C. Il apprit leur langage, & traduisit même en langue Sauvage plusieurs livres de piété, entr'autres la Bible entiere. Ce dernier ouvrage fut imprimé à Cambridge en 1664.

En 1649, le Parlement voulant seconder les travaux de M. Elliot, passa un acte pour encourager la propagation de la foi chez les infideles de cette contrée. Il érigea par cet acte une compagnie composée d'un Président, d'un Trésorier, & de quatre Assistans, & l'autorisa à recevoir les charités des personnes qui voudroient contribuer à une si bonne œuvre, de même qu'à disposer pour cette même œuvre des sommes qu'elle auroit reçues.

(*a*) Les Anglois appellent *Indiens* tous les Sauvages de l'Amérique.

Cette pieuse compagnie fit une quête en conséquence du pouvoir qui lui étoit donné. Le produit de la quête la mit en état d'acquérir quelques biens-fonds, dont le revenu montoit environ à 600 liv. sterlings. Une grande partie des biens qu'elle acquit fut achetée d'un Catholique nommé le Colonel *Bedingfields*, qui s'étoit endetté au service de Charles I. A la restauration Bedingfields crut que la circonstance lui fournissoit une occasion favorable de réparer ses pertes. Il tenta de rentrer dans ses biens, mais le Chancelier Hyde, loin de favoriser ses prétentions, confirma tous les droits de la compagnie par une nouvelle charte, dans laquelle on lui donna le nom de *Société pour la prédication de l'Evangile dans la Nouvelle-Angleterre.*

Cette société, la premiere de ce genre qui fut formée dans les

domaines de la couronne Britannique a actuellement un fond
d'environ 1,000 liv. sterlings de
revenu, avec lequel elle entretient dans la Nouvelle - Angleterre quinze ou seize Missionnai-
res, partie Anglois, partie Sauvages convertis.

Les Historiens rapportent un
trait remarquable de l'équité des
Puritains qui vinrent s'établir en
Amérique. Quoique, si ils n'eussent consulté que leurs for -
ces, ils eussent pû se prévaloir
de leur nombre & de leur charte
pour choisir le lieu de leur séjour
sur les côtes où ils se fixerent sans
avoir égard aux droits des Sauvages, à qui naturellement le pays
appartenoit; ils aimerent mieux
acheter d'eux le terrain qu'ils crurent nécessaire à leur dessein, &
ne regarderent la charte dont les
prérogatives leur étoient cédées
que comme une permission de leur

Prince qui les autorisoit à traiter avec ces Sauvages.

Il s'en faut bien que les Espagnols ayent respecté à ce point le droit naturel. Au lieu d'acquérir légitimement à un prix modique les pays qu'ils occupent en Amérique, ils ont mieux aimé s'en emparer à main-armée, & avoir recours à des massacres horribles pour s'en assurer la possession. On doit chercher la cause de leur injustice & de leur cruauté dans le Machiavelisme qui forme les principes du gouvernement absolu auquel cette nation est soumise.

La fidélité dûe à la vérité ne permet pas de dissimuler quelques autres faits moins honorables pour les nouveaux Anglois. Ce peuple composé de fugitifs que l'intolérance des Prélats avoit chassés d'Angleterre, & qui avoient tant de fois détesté dans leur cœur la fureur & l'impitoyable dureté des auteurs de leur exil, dès qu'il se vit paisible dans les établissemens qu'il avoit formés, se livra à la chaleur d'un faux zele. Il poursuivit opiniâtrément les Quakers, les Anabaptistes, & d'autres sectaires dont les sentimens différoient des siens. Les Quakers sur-tout éprouverent sa sévérité. La moins rigoureuse des loix qui furent portées contre eux étoit celle qui condamnoit à une amende quiconque répandroit dans la colonie aucun de leurs livres. Un auteur qui a écrit de la Nouvelle-Angleterre remarque à cette occasion que l'on eût mieux fait d'ordonner à quelque Théologien de réfuter le traité latin de M. Barclay en faveur du Quakérisme.

Charles II. fut obligé d'interposer son autorité pour modérer l'acharnement des nouveaux An-

glois. Mais comme si l'espece de
frénésie qui possedoit les esprits
dans cette colonie eût eu besoin
de dédommagement, ils accuse-
rent quantité de personnes de ma-
gie, & en firent périr plusieurs
pour ce prétendu crime.

La Nouvelle-Angleterre se divise en plusieurs Comtés ou Shires, qu'on suppose contenir près
de deux cens mille ames. Baston
située dans le Comté de Suffolck
en est la capitale. Excepté deux
ou trois villes de l'Amérique Espagnole, il n'y en a aucune dans
le Nouveau-Monde qu'on puisse
lui comparer. Elle est bâtie au
fond de la baye de Massachusetts. Des rochers à fleur d'eau &
un petit archipel n'en laissent approcher que par un passage étroit,
ou trois vaisseaux auroient peine
à entrer de front. Au sortir de ce
détroit on trouve un large bassin
dans lequel 500 voiles peuvent

être à l'ancre à la fois. Guillaume III. y a fait élever une forteresse réguliere. Elle est montée de 100 pieces de canon.

Au fond de la baye on a construit un mole qui s'avance assez pour que les plus grands vaisseaux puissent débarquer leurs cargaisons sans alléges. On compte dans la ville 3 à 4 mille maisons. L'aspect en est riant. Il y a cinq Imprimeries, dont les presses sont toujours occupées. Il paroît à Baston une gazette deux fois par semaine.

Baston fait sans contredit plus de commerce qu'aucune des villes de l'Amérique Angloise. Outre cette ville, on en compte douze ou quatorze autres assez considérables sur les bords de la baye des Massachusetts.

Productions naturelles de la Nouvelle-

La Nouvelle-Angleterre produit une grande quantité de bois. Il est vrai qu'on en a tant abbatu

qu'i

qu'il commence à devenir rare à dix ou douze milles de la mer. Le chêne, l'orme, le fapin, le frêne, le ciprès, le pin, le noifetier, le noyer, le cèdre, le hètre, le shumach. Le shumach fert pour la teinture & pour la tannerie: ce qui s'accommode très - bien avec la quantité de cuirs que fournit le pays. Le chêne eft propre aux conftructions de marine.

Ces matériaux mettent les nouveaux Anglois en état de conftruire beaucoup de bâtimens de mer. Ceux qui fortent de leurs chantiers, outre qu'ils ne coûtent pas cher, font recherchés pour leur bonté. Cet objet forme une des branches de leur trafic. Les bâtimens du même genre qui fe font dans les autres colonies Angloigloifes, n'approchent pas de la qualité de ceux de la Nouvelle-Angleterre.

Les mêmes arbres dont on garnit les jardins & les vergers dans l'ancienne Angleterre, viennent très-bien dans la Nouvelle. Il n'est pas rare d'y voir un planteur (*a*) tirer cent bariques de cidre par an des pommes qu'il recueille sur son terrain. Outre le commerce que les Nouveaux - Anglois font de cette boisson, ils envoyent aux Antilles une grande quantité du fruit qui la fournit. On dit que leurs pommes font plus grosses & plus douces que celles de l'Angleterre : mais il est difficile de le croire. Car elles viennent originairement de la Grande - Bretagne, & le climat de la Nouvelle-Angleterre est plus froid que celui de cette île.

(*a*) Les Anglois nomment *planteurs* généralement tous les habitans qui passent dans une colonie pour établir des plantations , & les distinguent par-là des Avanturiers qui font ceux qui prennent des actions dans les compagnies formées pour soutenir ces colonies.

Les Nouveaux-Anglois ont des cerises , des pêches , des poires. Leur pays porte en abondance toute sorte de racines : comme des turnipes, des carotes, des panais. Les courges , les oignons, les melons d'eau y meurissent. Le sol y est propre à produire du chanvre , du lin, de l'orge, de l'avoine , des pois , des feves. On y seme ordinairement du bled de Turquie ou maïs. Les Anglois le trouverent dans le pays en y arrivant. Ils en font de la bierre.

On auroit peine à trouver un pays où il se vît une plus grande variété d'oiseaux , & en plus grande quantité que dans la Nouvelle-Angleterre. Les cigognes, les merles , les corbeaux , les corneilles, les cormorans, les pigeons, &c. Ces derniers n'y paroissent que dans certaines saisons.

Les troupeaux de gros & de menu bétail , les chevres , les

porcs, les chevaux y font aussi fort communs. Les chevaux ont la taille petite ; mais ils supportent bien la fatigue ; & quoique leur allure ait quelque chose d'embarrassé, ils vont néanmoins extrêmement vîte.

Les forêts qui environnent la colonie, nourrissent des ours, des loups, des renards, des onces. Les Sauvages apprivoisent les loups. On y prend d'autres animaux, dont la peau est un objet de commerce considérable. Ces animaux sont les castors, les loutres, les marrres, les lievres, les lapins, les daims, les orignaux

Les rivieres de la Nouvelle-Angleterre, & la mer qui baigne ses côtes abondent en poisson. On y pêche de la morue, de la raye, des esturgeons, du saumon, des carrelets, des harengs, des maquereaux, des éperlans, des anguilles, des lamproyes, des goulus de mer, des veaux marins, des baleines, &c. Les baleines ne paroissent que rarement dans ces parages. Mais la pêche de la morue, quoique bien moins riche que celle qui se fait à Terre-Neuve, ne laisse pas d'en produire beaucoup.

Par l'énumération qu'on vient de lire des productions naturelles de la Nouvelle-Angleterre, on est en état de voir quelles sont les marchandises qui forment la base de son négoce. On tire de ce pays des fourrures, des peaux de castors & d'orignaux, des mâtures, des vergues, des planches, du mairain, des bois de construction, des grains, des farines, du biscuit, des chairs salées, du poisson, entr'autres de la morue verte & seche & du maquereau salé, de la poix, du gaudron, & quelquefois de l'ambre que la mer jette sur ses côtes.

Les Pelleteries que vendent les Nouveaux-Anglois leur viennent de différentes nations de Sauvages qui ne chaſſent, pour ainſi dire, que pour eux. Du nombre de ces Sauvages, on peut mettre les cinq petites nations des Iroquois qui ſont attirées dans les colonies Angloiſes, par le bon marché qu'on leur y fait des marchandiſes d'Europe.

Les Sauvages des rivieres de Pentagoët & de Saint-Jean, ſont ceux avec qui il ſe traite davantage de Pelleteries. Les premiers fourniſſent plus de peaux d'élans & d'ours. Les autres plus de caſtors & de loutres. Les peaux d'orignaux de la riviere de S. Jean, vont année commune à 3,000. celles de la riviere de Pentagoët à peu-près au double.

C'eſt à l'embouchure de cette derniere riviere que ſe fait au printems la pêche des maquereaux, dont les Nouveaux-Anglois font un grand négoce aux Barbades & aux autres Antilles Angloises. C'est-là aussi où pendant l'hiver se fait une pêche de morue qu'on seche à la gelée.

La Nouvelle-Angleterre a des Sauneries bien entrenues. Elles ne suffisent pas à la vérité pour ses salaisons. Mais elles diminuent les importations de ce genre que son commerce lui rend nécessaires. On a ouvert dans le pays des mines de fer très-riches, dont le métal est très bon.

Les Nouveaux-Anglois entretiennent un commerce réglé avec toutes les colonies dépendantes de la couronne Britannique, tant sur la terre-ferme que dans les îles de l'Amérique, aussi bien qu'avec l'Irlande & la Grande-Bretagne. Ils trafiquent également à droiture avec l'Espagne, le Portugal, l'Italie, les îles Maderes,

& les Terceres. Leur marine emploie 5 à 6, 000 hommes, & est composée d'environ 600 bâtimens, tant vaisseaux que chaloupes de différente grandeur, qui forment près de 38, 000 tonneaux de port; ils occupent la moitié de ces bâtimens au négoce d'Europe.

Ceux de leurs navires qui vont à la Barbade & aux autres Antilles y portent du biscuit, des farines, des viandes salées, de la morue, du maquereau, quelquefois des bestiaux, des chevaux, des planches, des cerceaux, du bardeau (a), des douves, du beurre, des fromages, du grain, de l'huile, du suif, de la térébentine, des

(a) Le bardeau est une espece de mairrain débité en morceaux carrés-longs, de dix à douze pouces de longueur, sur six à sept de largeur. On appelle aussi bardeau de vieilles douves de futailles coupées en morceaux, dont on fait des couvertures aux bâtimens peu considérables.

écorces d'arbre , des peaux de veau, du tabac, des pommes, des oignons. La Barbade seule prend annuellement de la Nouvelle-Angleterre pour 100, 000 livres sterlings (2 , 300 , 000 livres tournois) de ces diverses marchandises.

Leurs retours consistent en sucre, en tabac, en coton, gingembre & autres productions de ces îles. Ils tirent aussi du bois d'Inde des Anglois qui le coupent dans la baye de Campêche & dans celle des Honduras. Ceux-ci le leur donnent en échange pour de la saline. Une grande partie de ces marchandises, après avoir été débarquées à Baston, en sont réexportées par les Nouveaux - Anglois eux mêmes, ou par les Anglois d'Europe qui fréquentent la baye des Massachusetts.

Les fourrures, les bois de construction de marine, les vergues,

le bourdillon (*a*), font deſtinés
pour l'Angleterre, auſſi bien que
la morue ſeche, la poix, le gaudron, la térébenthine, les cuirs-
verds, les fanons & l'huile de baleine. Ces envois forment communément une maſſe de 3 à 4,000
tonneaux.

On leur apporte d'Europe des
vins, des étoffes de ſoie, des draps,
de la quincaillerie, de la dinanderie, des toiles, de la rubannerie,
de la mercerie, des denrelles, du
papier, toutes ſortes d'uſtenciles
pour le menage & la culture de
la terre, des cordages, des chapeaux, des ſouliers, des bas, des
marchandiſes des Indes. Quelques auteurs portent la conſommation qui ſe fait de ces denrées
dans la Nouvelle-Angleterre à
400, 000 livres ſterlings (9, 200,
000 liv. tourn.) par an.

(*a*) Le bourdillon eſt du bois de chêne re-
fendu propre à faire des tonneaux & futailles.

En Espagne, en Portugal, au-delà du detroit de Gibraltar, les Nouveaux-Anglois envoyent du mairrain, des douves, des bois de charpente, & beaucoup de morue seche.

A Madere, ils vont chercher des vins; & à Fayal, l'une des Açores des vins, ainsi que des eaux-de-vie. Ils exercent aussi avec les îles Françoises, un commerce de contrebande dans lequel ils reçoivent de l'argent, du rum, de la mélasse, du sucre pour leurs bois, leurs chevaux & leurs provisions de bouche. Le tort que ce trafic causoit aux Antilles Angloises a obligé le Parlement à le gèner, en imposant des droits très-forts sur le rum, la mélasse, & le sucre du crû des colonies étrangeres, importés dans les colonies de la dépendance de l'Angleterre.

Une assez grande partie des vaisseaux de Baston qui commer-

cent à la Barbade, viennent de-
là en Anglettre, où on les vend
avec leurs cargaisons.

Quelqu'étendue que soit le négoce de la Nouvelle-Angleterre,
il ne suffit pas , suivant Josué
Gee, pour fournir à ses habitans
de quoi acheter toutes les étoffes,
& les commodités d'Europe dont
ils ont besoin. Ils en travaillent
eux-mêmes, dont ils sont obligés
de se contenter.

Dans cette colonie on ne se sert
pas d'especes monnoyées en or ni
en argent. Il y a environ 60 ans
qu'on en voyoit encore à Baston. Mais depuis elles sont deve-
nues si rares qu'elles ne suffisent
pas même pour les ventes de menu détail. Tous les payemens s'y
font en monnoye de papier que
l'on nomme *Province-Bills.* On en
a d'un demi-écu. Ainsi chacun a
tout son comptant dans son por-
te-feuille. Cette circonstance rend
le prix du change exorbitant. Au

mois de Février 1739, cent livres
sterlings (2, 300 livres tournois)
à Londres en valoient quatre cens
cinquante (10, 350 liv. tournois)
dans la Nouvelle-Angleterre. Il
circule dans cette province pour
632, 000 livres sterlings (14,
536, 000 livres tournois) de ces
billets de crédit.

SÇAVOIR:

Dans le Nouvel - Hampshire
*on a contrefait des billets de cette
province en si grande quantité, qu'à
peine ont-ils cours dans le commerce)* . . 12,000 l.

Dans les colonies é-
tablies sur les bords,
ou dépendantes de la
baye des Massachu -
setts . . . 230,000.

Dans la colonie de
Rhode-Island (*celle-
ci qui ne contient que
18, 000 ames à fabri-*

qué plus qu'aucune au-
tre de cette monnoie de
papier)   . . 330, 000 l.
    Dans la colonie de
la Connecticute . 60, 000.

            632, 000 l.

  Du 25 Mars 1735 au 23 Mars 1736, il entra 961 bâtimens dans les ports de la baye des Massachusetts, de Rhode-Island, de New-Hampshire; & il en partit 860. On suppose qu'en joignant ceux de la Connecticute dont on n'a pas de détail positif, il sortit de la Nouvelle-Angleterre dans cet espace de tems au-delà de 1, 000 bâtimens. Il est vrai que dans ce nombre il s'en trouve de petits employés au cabotage, qui vont & viennent plusieurs fois dans une année.

CHAPITRE V.

I. Etabliſſement de la NOUVELLE YORK : état de la NOUVELLE YORK : productions naturelles & Commerce de la NOUVELLE YORK. II. Détail particulier ſur le Commerce de Pelleteries. III. Etabliſſement du NOUVEAU-JERSEY. Etat du NOUVEAU-JERSEY Commerce du NOU-VEAU-JERSEY.

LEs Hollandois ont poſſédé la Nouvelle - York. Dans le tems qu'ils en etoient les maî-res, on appelloit cette contrée la Nouvelle-Belgique. Ils l'avoient achetée de Hudſon, navigateur Anglois qui la découvrit, & qui traita avec eux de ſa découverte en 1608. Malgré la proteſtation de Jacques I. Roi d'Angleterre,

contre cette vente, ils n'avoient
pas laiſſé de s'établir dans leur ac-
quiſition. Ils en jouirent paiſible-
ment juſqu'en 1618 ou 1619, que
Sir Samuel Argall, étant Gouverneur de la Virginie, attaqua leurs
plantations, & les détruiſit. Pour
prevenir de ſemblables incur-
ſions, ils s'adreſſerent à Jacques
lui-même; & ce qui eſt aſſez ſin-
gulier, ils en obtinrent la permiſſion d'avoir des habitations ſur
ces mêmes côtes qu'il avoit reven-
quées.

Ils bâtirent dans l'île Manhatte,
qui eſt à l'embouchure de la riviere de Hudſon, une ville qu'ils
appellerent *Nouvelle Amſterdam*,
& environ 140 milles au-deſſus
un fort, auquel ils donnerent le
nom de *Fort-Orange*, & qui porte
aujourd'hui celui d'Albany. Ils
faiſoient dans ces deux établiſſemens un commerce de Pelleterie
très-avantageux avec les Sauvages

ges qui venoient des environs de Quebec même commercer avec eux.

Les Anglois s'emparerent de la Nouvelle - York en 1664. La cour d'Angleterre, ayant réfolu en ce tems-là, de déclarer la guerre à la Hollande, envoya en Amérique une efcadre bien équipée fous le commandement du Chevalier Robert Carre, pour chaffer les Hollandois de la Nouvelle-Belgique. Le Chevalier y arriva avant qu'on y eût appris la rupture entre les deux puiffances. Les Hollandois n'étant pas en état de réfifter, fe rendirent fans faire de défenfe. Sir Robert Carre avoit avec lui trois mille hommes de troupes réglées. Il n'eut que la peine de fe préfenter pour s'emparer de tout le pays. La plus grande partie des Hollandois qui y étoient habitués, continua d'y refter, & fe foumit à la domination Angloise. La conformité de leurs sentimens avec les Puritains de la Nouvelle-Angleterre dont ils étoient voisins , & avec qui ils entretenoient une grande correspondance, contribua à les retenir.

Durant la courte guerre que l'Angleterre unie à la France déclara en 1672 aux Etats-Généraux, ceux-ci recouvrerent la Nouvelle-York (en 1673). Mais ils la rendirent l'année suivante, en concluant la paix avec la Grande-Bretagne.

Etat de la Nouvelle-York.

La Nouvelle-York s'étendoit autrefois depuis la Nouvelle-Angleterre à l'est, jusqu'au Maryland au sud. Aujourd'hui elle est resserrée dans des bornes plus étroites. Charles II. ayant donné cette contrée au Duc d'York son frere depuis Jacques II. le Duc d'York en céda une partie à une compagnie. Cette partie forma long-

tems deux Provinces diſtinctes l'u-
ne ſous le nom de *Nouveau-Jerſey
Oriental* ; l'autre de *Nouveau - Jer-
ſey Occidental.* Voyez plus bas le
ſecond paragraphe de ce Chapitre.

La Nouvelle - York a un peu
plus de 40 lieues de long ſur ſept
de large. Elle gît par les 41 degrés & 42 degrés 50 minutes latitude nord. Le climat y eſt plus
doux qu'à la Nouvelle - Angleterre.

Les deux Jerſeys bornent cette
colonie à l'oüeſt & au ſud, & la
Nouvelle - Angleterre la termine
à l'eſt. Au commencement de ce
ſiecle, nombre de Proteſtans du
Palatinat, & de quelques autres
Etats de l'Allemagne, où on les
gênoit dans l'exercice de leur Religion, s'y tranſporterent.

Cette Province eſt diviſée en
dix Comtés qui contiennent plus
de 50,000 ames. Sa capitale qui

se nomme aussi *Nouvelle - York* ; s'appelloit, comme on l'a déja dit, *Nouvelle-Amsterdam* dans le tems qu'elle appartenoit aux Hollandois. Depuis que les Anglois l'occupent, elle est devenue plus considerable qu'elle n'étoit sous ses premiers maîtres. Elle a au moins 1,000 maisons, & près de 7,000 habitans.

Dans Long-Island qui dépend de cette Province, il y a un bureau de poste qui envoye deux fois par semaine chercher les lettres dans toutes les habitations de l'île, & qui les remet à un Paqueba, pour les transporter à la capitale. On peut juger par-là du courant d'affaires qui occupent les colons. La Nouvelle-York est régie par son assemblée, & par un Gouverneur & un Conseil que le Roi nomme.

Productions natu- relles &

Tout ce qui croît dans la Nouvelle-Angleterre, vient avec la

même abondance dans la Nouvelle - York. Le fol eſt ſi fertile
dans cette derniere Province, que
le bled y rapporte cent pour cent.
On prétend même que les grains
qu'elle produit, l'emportent pour
la qualité ſur ceux de la Nouvelle-Angleterre. Quoi qu'il en ſoit,
on n'en fait pas de différence dans
les marchés.

Son commerce eſt auſſi le même que celui de la Nouvelle-Angleterre. Il ſe fait aux mêmes
lieux & avec les même denrées.
Il paroît ſeulement que les habitans de la Nouvelle - York vendent plus d'huile de baleine & de
veau marain. Ils portent leurs
marchandiſes aux Antilles , en
Angleterre & en Irlande. On a dé-
couvert dans cette colonie une
mine de cuivre fort riche dont
on importe en Angleterre une
très-grande quantité de métal.

Les Anglois de la Nouvelle-

York font avec les Sauvages un très-gros commerce de peaux d'élans, de daims, d'ours, de loutres, de caftor, & de toute forte de pelleteries. Ils ont pris, comme ceux de la Virginie, l'ufage d'acheter des Negres.

L'étendue du commerce de cette colonie la met au rang des plus floriffantes que l'Angleterre ait en Amérique. Elle eft la plus forte barriere qui arrête les entreprifes des François du Canada, & des Sauvages leurs alliés. Ses habitans paffent pour être très-induftrieux & très-actifs. Ils font à Surinam & à Curaffeau un négoce très-confidérable. Les vaiffeaux qu'ils envoyent dans la Grande-Bretagne font en petit nombre ; mais ils font richement chargés. Prefque toute leur cargaifon confifte en fourrures de prix & en caftor. La Nouvelle York importe de cette île pou

la valeur de 150,000 livres fterlings (3,450,000 livres tournois)
en marchandifes de diverfes fortes. Elle n'a pour toute monnoye,
de même que la Nouvelle - Angleterre, que de la monnoye de
papier. On y en compte pour
70,000 liv. fterlings (1,610,000
liv. tournois). Le prix du change
de cette Province fur Londres,
ou fur quelqu'autre place de la
Grande - Bretagne , étoit entre
70 & 75 pour cent au mois de Février 1639. Du 25 Mars 1735 au
23 Mars 1736 , il entra dans les
ports de la Nouvelle-York 211
bâtimens de mer , & il en fortit
222.

II. La Nouvelle-York par fa
fituation a un grand avantage fur
les François du Canada pour le
commerce des pelleteries. Le fort
Albany fitué dans l'intérieur des
terres , fur les bords de la riviere

Détail par-
ticulier fur
le commer-
ce des pel-
leteries.

d'Hudſon, eſt très-voiſin des cinq nations Iroquoiſes. Les Aniez, une de ces cinq nations, n'en ſont qu'à une diſtance de 40 milles, & demeurent, pour ainſi dire, dans la colonie même : car quelques Anglois ont formé des habitations plus avant qu'eux dans le pays. La contrée des Tſonoutouans, les plus reculés des Iroquois n'eſt pas éloignée du fort de plus 240 milles, & l'on peut faire par eau le trajet qui l'en ſépare, à l'exception d'un portage de trois milles ou de cinq dans les ſaiſons les plus ſeches. D'un autre côté la riviere d'Hudſon facilite la communication avec le Canada par la riviere Otter qui ſe décharge dans le fleuve S. Laurent, & entre laquelle & la riviere d'Hudſon, il n'y a qu'un portage d'environ 16 milles.

La facilité de la navigation de la Nouvelle-York en Angleterre &

& aux Indes occidentales (*a*), fa-
vorife encore le commerce de pelleteries que font les habitans de
cette colonie par le bon marché
que le bas prix du fret les met à
portée de faire aux Sauvages. Les
marchandifes du plus grand débit parmi ceux-ci, font les *ftrouds*
& autres fortes de laineries, & le
rum.

Les vaiffeaux qui font employés
au commerce de la Nouvelle-
York avec la Grande-Bretagne
font toujours deux voyages par
an, & peuvent être de retour de
chaque voyage en quatre mois,
lorfqu'au lieu d'aller à Londres ils
mouillent à Briftol, comme c'eft
l'ordinaire : Briftol étant le port
de l'Angleterre où l'on embarque
la plus grande partie des mar-

(*a*) Les Anglois appellent Indes occidentales *Weft-Indies*, la partie de l'Amérique que
les Efpagnols découvrirent d'abord, & principalement les Antilles.

N

chandifes deftinées pour l'Amérique. La traverfée a fi peu de dan-
ger que la prime d'affurance entre Londres & la Nouvelle-York
ne paffe pas deux pour cent. A l'é-
gard du rum, les habitans de cette
colonie en ont en abondance :
tant par la grande quantité de
provifions qu'ils envoyent dans
les Antilles, que par la commodité
qu'ils ont d'aller à ces îles prefque en tout tems.

Ces denrées arrivées à la Nouvelle-York, font de-là tranfpor-
tées, fans beaucoup de frais, à
Albany par la riviere d'Hudfon,
dont la navigation eft affez fûre
pour que les vaiffeaux puiffent y
voguer la nuit comme le jour, &
fur laquelle ils peuvent, tant en
remontant qu'en defcendant, profiter des marées qui refluent au-
de-là du fort.

D'Albany, ceux qui trafiquent
avec les Sauvages tranfportent

communément leurs marchandises l'espace de seize milles par terre jusqu'à *Corlaer* ou *Schenectady* :
là, ils les embarquent sur la riviere des Aniez ou Maquas. Ce
transport coûte neuf schellings,
monnoye de la Nouvelle-York,
qui valent cinq schellings sterlings (5 liv. 15 s. tournois) pour
chaque voiture. Depuis Corlaer
ils remontent assez haut dans leurs
canots la riviere des Aniez. Ils
font ensuite un portage d'environ
trois milles, pour trouver une riviere qui se décharge dans le lac
Onëïda. De ce lac ils descendent
avec le courant dans le lac Ontario, près duquel passent tous les
Sauvages qui viennent du lac Erie,
du lac des Hurons, du lac des Ili-
nois, & du lac Supérieur trafiquer
dans le Canada.

Les François de Quebec n'ont
aucune de ces facilités. L'embouchure du fleuve Saint-Laurent, &

sur-tout la baye à laquelle ce fleuve donne son nom, sont très-septentrionables, & par-là tellement sujettes aux mauvais tems & à des brouillards épais, que la navigation en est très-dangereuse. On n'ose jamais la tenter que durant l'été. Cette baye est d'ailleurs parsemée de bancs de sable & de rochers à fleur d'eau. Il y regne des courans très-rapides, & l'ancrage y est mauvais. Le canal du fleuve n'est pas plus sûr. On y trouve les mêmes dangers. Quelque favorable que soit le vent, quelque beau que soit le tems, les mariniers ne s'y hasardent jamais à faire voile durant la nuit. Ces circonstances ne permettent pas aux François du Canada d'entreprendre plus d'un voyage par an, soit en France, soit aux Indes occidentales.

De Quebec à Montreal (qui est l'entrepôt des François du Canada pour le commerce des pelleteries , comme Albany eſt l'entrepôt des Anglois de la Nouvelle-York) , la navigation n'eſt ni moins dangereuſe , ni moins difficile. La marée s'éleve à Quebec juſqu'à la hauteur de 18 à 20 pieds : ce qui cauſe un courant ſi violent , qu'une chaloupe à ſix rames ne peut aller contre le fil de l'eau. Dans pluſieurs endroits , quoique le fleuve ſoit très large , il n'eſt navigable que dans une partie de ſon lit, qui forme un canal très-étroit & tortueux, où l'on rencontre des bas-fonds & des écueils cachés ſous l'eau. Les meilleurs pilotes s'y ſont perdus. On eſt donc obligé en allant à Montreal , de jetter l'ancre toutes les nuits , tel tems qu'il faſſe , comme dans la baye de S. Laurent.

De plus le flux ne monte que juſqu'à moitié chemin de Montreal. Il s'arrête à un endroit ap-

pellé les *Trois rivieres*. Depuis ce
lieu on a à lutter contre un courant très-fort qu'on ne peut fur-
monter qu'à l'aide d'un vent favorable. Il faut auſſi jetter l'ancre toutes les nuits dans la navigation de cette partie du fleuve.
Ce paſſage occupe ordinairement
trois ou quatre femaines, & quelquefois ſix. Sans les difficultés qui
l'accompagnent, ce feroit une route de cinq ou ſix jours.

De Montreal juſqu'au lac Ontario le courant continue d'être
également fort. Pour y avancer
on eſt obligé de pouſſer les canots
en piquant de fond avec des perches, ou de les tirer avec des cordes le long de la côte. Dans cinq
ou ſix endroits de cette route, la
riviere forme des cataractes qui
forcent les voyageurs de déchar-
ger leurs canots, & de les porter
ſur leurs épaules, ainſi que les
marchandiſes. On ne fait jamais

le voyage de Montreal au lac Ontario en moins de vingt jours. Il
faut souvent y mettre le double
de ce tems.

Les peines que les François ont
à transporter leurs marchandises
ne sont pas les seuls desavantages
qui les gênent dans leur commerce
de pelleteries. Les strouds que les
Sauvages préferent à toute autre
étoffe pour leur habillement, ne
se fabriquent qu'en Angleterre.
Les *duffels*, les couvertures, & les
autres laineries par lesquelles on
pourroit les remplacer, & dont
en effet il se débite parmi eux une
assez grande quantité, se vendent
en Angleterre à beaucoup meilleur marché qu'en France. De
sorte qu'avant le gouvernement
de Guillaume Burnet qui limita
le commerce entre la Nouvelle-
York & le Canada (comme on
le verra plus bas), les marchands
du Canada tiroient d'Albany

toutes les marchandises de ce genre qu'ils vendoient aux Sauvages. On a compté jusqu'à neuf cens pieds de strouds qui ont été envoyées de cette place à Montreal dans une seule année, outre les autres sortes de lainerie.

Au rum dont les François du Canada manquent, tant parce qu'ils n'ont presque rien à envoyer aux Indes occidentales, que parce que la difficulté de la navigation les empêche d'en aller chercher, ils substituent leur eau-de-vie qui leur coûte plus cher, & qu'ils sont contraints de donner aux Sauvages à aussi bon marché que les Anglois leur vendent le rum. Malgré ces inconvéniens, les François ont possédé long-tems presque seuls le commerce des pelleteries, & ils y ont encore la plus grande part.

Guillaume Burnet, dont nous venons de parler, fils du Docteur

Burnet, Evêque de Salisburry, ayant été nommé au gouvernement de la Nouvelle-York & du Nouveau-Jersey, considéra que si les Anglois étoient supplantés par les François dans la traite des pelleteries, ils devoient en accuser leur inactivité. Il conçut qu'en prenant de bonnes mesures, il seroit possible, avec le tems, que les habitans de la Nouvelle-York se rendissent maîtres de tout le négoce avec les Sauvages des pays situés au sud du S. Laurent, tandis que leurs compatriotes établis à la baye d'Hudson s'empareroient de leur côté du négoce avec les Sauvages qui habitent au nord du même fleuve.

Dans cette vûe il crut qu'il n'y avoit rien de mieux à faire que d'arrêter le commerce que la Nouvelle-York exerçoit avec le Canada. L'assemblée générale à qui il proposa ses idées en sentit d'abord la justesse, & ne tarda pas à les mettre à exécution. Le 19 Novembre 1720, elle passa un acte par lequel elle défendit de vendre aux François aucune marchandise convenable aux Sauvages. Il est intitulé : *An act for enccuragement of the indian trade, and rendering it more beneficial to the inhabitans of this province aud for prohibiting the selling of indian goods to the french.* C'est-à-dire, acte tendant à encourager le commerce avec les Sauvages, & à le rendre plus profitable aux habitans de la province : & portant défense de vendre aux François aucunes marchandises convenables pour ce commerce. Ce statut fut établi pour trois ans.

A son expiration les marchands de Londres qui faisoient quelque négoce avec la Nouvelle-York, excités par les marchands de cette colonie qui fournissoient ceux de Montreal, préfenterent une Requête au Confeil du Roi pour demander que le ftatut ne fût pas continué. Le Confeil renvoya la connoiffance de cette affaire au Committé du commerce qui communiqua au Gouverneur de la Nouvelle-York les objections de ces marchands, & demanda qu'il y répondît.

M. Burnet s'adreffa au Confeil de la colonie pour réfuter les raifons que les marchands de Londres alléguoient dans leur Requête. Il fit enfuite paffer en Angleterre le rapport qu'il en reçut. D'après ce rapport le Committé du commerce approuva les mefures qui avoient été prifes. L'acte fut continué.

Par une lettre écrite de la Nouvelle-York en 1740, on voit que cet acte a produit de très-bons effets. M. Burnet qui en avoit été le promoteur, avoit en même tems élevé à ses dépens, sur les bords du lac Ontario, un comptoir fortifié que l'on appelle *Osneigo*. La colonie y entretient une petite garnison de vingt hommes commandés par un Lieutenant. Une grande partie des Sauvages qui avoient coutume de se rendre autrefois à Montreal, s'arrête à présent à *Osneigo*, où on leur fournit les mêmes marchandises à moitié moins qu'ils ne les achetoient à la premiere de ces deux places. La Nouvelle-York a maintenant plus de cent coureurs de bois en marche tous les ans, & plus de trois cens familles de marchands vivent du commerce d'Osneigo. Enfin on estime que le commerce de la Nouvelle-York en pelleterie est cinq fois plus considérable actuellement que lorsque M. Burnet fut nommé Gouverneur. Ces succès peuvent faire craindre que les François ne cessent de dominer dans ce commerce, si l'on ne prend pas des mesures pour écarter ou diminuer du moins les obstacles qu'ils y ont eus à combattre jusqu'ici.

III. Le Nouveau-Jersey faisoit partie de la Nouvelle-Belgique, lorsque les Anglois l'enleverent aux Etats-Généraux. Les Suédois furent les premiers Européens qui s'y établirent vers l'an 1639. C'est pour cela que le pays a porté le nom de *Nouvelle-Suéde*. Ils y bâtirent trois villes : Christina, Elsimbourg, & Gottembourg. Du reste ils ne pousserent pas fort loin leurs plantations. Les Hollandois plus industrieux se hâterent tellement de s'étendre, qu'ils occuperent en peu de tems toute la partie septentrionale de cette contrée.

Les villes Suédoises étoient au sud, du côté de la Pensilvanie :

Etablissement du NouveauJersey.

se voyant négligées par le gouvernement de Suéde, elles s'of-
frirent aux Hollandois qui en devinrent possesseurs par la cession
que leur en fit en 1655 le Général
Suédois Jean Rizing.

Charles II. comprit ce canton
dans la concession qu'il fit de la
Nouvelle-York à son frere. Ce
Prince en investit le Lord Bar-
kley & Sir George Carteret, &
le nomma la *Nouvelle-Canarie.*
Mais bien-tôt à ce nom on substi-
tua celui de *Nouveau-Jersey,* à cause peut-être que la famille de Sir
Carteret sortoit de l'île de Jersey.
Les deux Seigneurs propriétaires
diviserent le Nouveau-Jersey en
oriental & en occidental.

Vers l'an 1676, le Lord Berkley vendit ses droits sur cette
Province à William Pen, le Chef
des Quakers d'Angleterre, & à
trois autres personnes. Quelques
années après Sir George Carteret

étant mort, le Comte de Bath,
un de ses parens , du consentement de sa veuve & de ses exé-
cuteurs testamentaires , vendit
aussi la part que ce Chevalier y
avoit à quelques particuliers qui
se donnerent ensuite des associés,
du nombre desquels se trouverent trois des quatre Propriétaires du Jersey occidental. La plù-
part de ces associés étoient Ecos-
sois & Anabaptistes ou Quakers.
Ils avoient à leur tête M. Barclay,Chef de ces derniers en Ecosse & en Irlande , qui alla avec
sa famille s'établir dans sa propriété.

Le Nouveau-Jersey a pour bornes l'Océan au sud-est, la riviere
de Delaware à l'oüest, la riviere
de Hudson à l'est, & les terres inconnues au nord. Il gît par les
39e & 40e degrés latitude nord.
L'étendue de ses côtes est d'environ 120 milles. La division orien-

Etat du
Nouveau-
Jersey.

tale eſt la plus peuplée : elle comprend quatre Comtés, Berghen, Eſſex, Middleſex, & Monmonth. Cette énumération ne doit pas en impoſer & donner lieu de penſer que la Province ſoit conſidérable. Les quatre Comtés ſont, pour ainſi dire, ſans habitans. Eliſabeth Town, la principale ville de la colonie, ne contient qu'environ 250 familles. Les Anglois ont en uſage de partager en Shires ou Comtés le pays qu'ils aſſignent à une colonie, quoiqu'il n'y ait point de colons pour les occuper.

Le Nouveau-Jerſey occidental a été également diviſé en Comtés, mais qui ne méritent point d'être nommés : quelques-uns n'ayant pas même un habitant. Burlington qui en eſt la capitale a cependant dans ſon enceinte 250 familles : c'eſt où ſe tient l'aſſemblée générale. Quoique cette

Province

Province ne ſoit pas conſidérable,
ſon aſſemblée a néanmoins beau-
boup de pouvoir. C’eſt elle qui, de
même que celle des autres colonies, regle les appointemens du
Gouverneur. Il y a eu ſouvent de
grands débats à ce ſujet, ſur-tout
en 1721 , ſous le gouvernement
de William Burnet, dont l’aſſemblée n’étoit pas contente.

On trouvera ſans doute ſingu-
lier que les deux Jerſeys ne ſoient
pas dans un état plus floriſſant, ſi
l’on conſidere qu’ils giſſent plus
au ſud , & par conſéquent ſous un
ciel plus doux que la Nouvelle-
Angleterre , & que la Nouvelle-
York. Une des principales raiſons
qu’on peut rendre de cette cir-
conſtance, eſt que la population de
cette province a été abandonnée
aux Ecoſſois qui n’étoient pas pour
lors auſſi entreprenans, ni auſſi
portés aux affaires de commerce
qu’ils le ſont devenus , & aux

Quakers qui n'ont pas toujours eu des *Pens* (*a*) à leur tête.

On peut encore en rejetter la cause sur le syftême des Sous-conceffionnaires, qui n'achetoient des premiers propriétaires des terreins de grande étendue dans cette colonie que pour y profiter, en les revendant par petites parties. C'est ainfi que le Lord Sterlin agiota la Nouvelle - Ecoffe, & Long-Ifland. Tandis que ces contrées demeurerent en fa poffeffion, elles furent prefque défertes. Au contraire dès que Long - Ifland eut été annexée à la Nouvelle-York, elle fe fortifia confidérablement fous l'influence de cette derniere province. Les Jerfeys ayant été négligés dans les commencemens, il n'eft pas étonnant qu'ils continuent de l'être. Ceux qui veulent s'établir dans l'Amé-

____

(*a*) Au fujet de *Pen*, voyez le Chapitre fuivant.

rique septentrionale, preferent à present la Pensilvanie & la Caroline, qui s'approchent davantage du midi, & où le climat par cette raison invite davantage.

Le Nouveau-Jersey occidental a une communication facile avec la Nouvelle-York par la riviere Esopus, qui se décharge dans celle d'Hudson, & avec le Maryland, par un autre riviere qui s'approche dans son cours jusqu'à près· de 4 milles de la baye de Cheseapeak. Les auteurs qui ont écrit l'histoire de cette colonie, parlent du dessein que les colons ont eu de former un canal pour pouvoir descendre de cette riviere dans la baye. Ils disent que l'opposition que les habitans de la Virginie & du Maryland apporterent à ce projet, en arrêta l'exécution.

La mésintelligence s'étant mis parmi les propriétaires des deux

Jerseys, ils jugerent à propos de rendre leur charte à la couronne: ce qu'ils exécuterent en 1702. Depuis ce tems, cette double province n'en forme plus qu'une, dont les affaires sont réglées par un Gouverneur, un Conseil, & une assemblée générale. Avant la paix d'Utrecht, on y comptoit environ 16,000 ames, parmi lesquelles il y avoit 3,000 hommes en état de porter les armes. Depuis ce nombre s'est un peu accru. Par l'usage que les colons ont pris d'employer des Negres à la culture de la terre, ils ont multiplié les productions naturelles de leur pays, & par-là étendu leur négoce.

Commerce du Nouveau-Jersey.

Outre les provisions que les habitans des deux Jerseys envoyent aux Antilles, ils font un assez bon commerce de fourrures & de peaux. Ils vendent aussi quelque peu de tabac. Ils chargent de l'hui-

le, du poiſſon, du grain, & d'autres proviſions pour le Portugal,
l'Eſpagne & les Canaries. Mais
leur principal trafic ſe fait à la
Nouvelle-Yorck. C'eſt-là qu'ils
ſe défont de la plus grande partie de leurs denrées, & qu'ils a-
chettent les marchandiſes d'Europe dont ils ont beſoin, autant
que leur commerce les met en état
d'en acheter. Mais comme il ne
leur produit point aſſez pour s'en
pourvoir ſelon leurs beſoins, ils
fabriquent eux-mêmes beaucoup
de choſes qui leur manquent.

On ſe ſert de monnoye de papier dans le Nouveau-Jerſey, ainſi que dans toutes les coloïes Angloiſes ſeptentrionales, excepté
la Virginie. La maſſe des billets
de ce genre eſt de 60,000 livres
ſterlings (1,380,000 liv. tournois) dans cette province. Ils
ont plus de faveur que ceux de la
Nouvelle-York & de la Penſilva-

nie, à cauſe que les billets de la Nouvelle-York n'ayant pas cours en Penſilvanie, & les billets de la Penſilvanie n'ayant pas cours dans la Nouvelle-York; au contraire les billets du Nouveau-Jerſey étant reçus dans l'une & dans l'autre colonie, tous les paye. mens entre la Nouvelle-York & la Penſilvanie, ſe font en billets du Nouveau-Jerſey. Le change ſur la grande Bretagne eſt dans le Nouveau-Jerſey au même taux que dans la Nouvelle-York.

CHAPITRE VI.

De la PENSILVANIE : établissement d'une Colonie dans la PENSILVANIE. Etat de la PENSILVANIE : ses productions naturelles : sa constitution : son commerce.

LA Pensilvanie est une des plus considérables colonies des Anglois en Amérique, & celle qui a fait le plus de progrès, si on considere la nouveauté de son établissement. Elle a pris son nom de William Pen de la secte des Quakers son fondateur. Cet homme étoit fils du Chevalier William Pen, un des Amiraux qui commandoient la flote dans le tems du Rump (*a*), & qui fut en-

(*a*) *Rump* signifie *croupion*. On appella ainsi

voyé par Cromwell avec le Colonel Venables pour attaquer S.
Domingue. Quoique cette expédition ait été sans succès, on af-
sûre qu'elle ne manqua que par
la mauvaise conduite de Venables, & que l'Amiral Pen fit très-
bien son devoir en cette occasion.

Tant que durerent les troubles,
il montra toute la chaleur d'un
zélé Indépendant. Mais Charles
II. étant monté sur le trhône,
l'Amiral Pen jugea à propos de
faire sa paix avec le nouveau Monarque. Il sçut même se mettre si bien dans l'esprit du Duc
d'York, que le Duc ayant été
créé Grand - Amiral d'Angleterre, il nomma Pen pour commander à sa place. La mort de cet
Officier qui arriva peu de tem

par dérision le reste du Parlement qui fit le
procès à Charles I.

après

après, ne le laiſſa pas jouir long-
tems de ſon élévation.

En récompenſe de ſon attache-
ment, Charles II. lui avoit pro-
mis la conceſſion de la partie de
l'Amérique, à laquelle ſon fils
donna depuis le nom de Penſilvanie. Sir William avoit un parent
qui s'étoit retiré des premiers à la
Nouvelle - Angleterre. Ce fut
vrai-ſemblablement ſur les infor-
mations qu'il en reçut touchant
cette partie du nouveau continent, qu'il ſe porta à en demander la propriété.

Son fils nommé comme lui
William, s'étant fortement imbû
des principes des Quakers, ne ſe
mit pas d'abord en peine de ſol-
liciter l'expédition de la charte
néceſſaire pour entrer en jouiſ-
ſance de la conceſſion qui avoit
été faite à l'Amiral Pen. Mais depuis, voyant que l'on inquiétoit
en Angleterre ceux de ſa ſecte, il

Etabliſſe-
ment d'u-
ne colonie
dans la
Penſilva -
nie.

P

réfolut de fe mettre à leur tête, &
de leur procurer une retraite dans
le pays, dont fon pere lui avoit
laiffé la propriété.

En 1680 on lui délivra les lettres-patentes dont il avoit befoin.
Il y a apparence qu'il avoit déja
pris foin de nommer la contrée
où il fe propofoit d'habiter. Car
c'eft fous le nom de Penfilvanie
qu'elle eft défignée dans la charte.
Cette charte lui donne en propriété tout le pays qui s'étend fur
le continent de l'Amérique feptentrionale, depuis le quarantieme degré latitude nord, jufqu'au
quarante-troifieme degré de la
même latitude.

M. Pen obtint depuis le confentement du Duc d'York, & en vertu de ce confentement une charte
de Charles II. pour annexer à la
Penfilvanie quelques parties du
Nouveau-Jerfey, qui refferroi
cette province du côté de l'eft, &

qu'il avoit achetées du Lord Berk-ley, & des héritiers du Chevalier George Carteret, moyennant la somme de 4,000 livres sterlings.

Dès l'année 1681, c'est-à-dire, un an après avoir obtenu les patentes, Pen se rendit dans les terres de sa concession. Il y avoit déja envoyé quelques bandes d'Anglois pour préparer le pays à la colonie qu'il y conduisit.

La Pensilvanie est bornée à l'est par la baye de Delaware, au nord par la Nouvelle-York, au sud par le Maryland, à l'ouest par les nations Indiennes, qui occupent l'intérieur des terres. On la divise en haute & basse, contenant chacune trois Comtés. Les trois Comtés de la Pensilvanie supérieure sont Buckingham, Philadelphie & Chester. Ceux de la basse sont New-castle, Kent & Sussex. Toute la province a 330 milles de longueur, & 200 de largeur.

Etat de la Pensilvanie.

P ij

Dans le Comté de Philadelphie il y a deux villes recom-
mandables, Francfort & Philadelphie, qui donne son nom au
Comté. Francfort n'est pas moins
peuplé que Bristol, ni moins bien
bâti. La plus grande partie de ses
habitans sont Suédois & Hollandois.

Philadelphie mérite d'être mi-
se au rang des plus belles villes du
monde. Sa situation entre deux
rivieres navigables, la Delaware
& la Schuylkill, invite à s'y établir. Le nombre des maisons qui
la composent accroît chaque jour.
On observe de les construire ré-
gulierement, conformément au
plan qui en fut dressé lorsque Pen
traça l'enceinte de la ville. Dès la
premiere année de sa fondation,
il y avoit près de cent maisons.
On y en compte plus de deux mille aujourd'hui, qui en général
sont beaucoup mieux bâties que

dans les meilleures villes de l'Angleterre. La sûreté de son port,
la bonté de ses eaux a contribué à
peupler cette place , ainsi qu'à
étendre son commerce. Plusieurs
marchands très-riches y résident,
& quelques-uns ont équipage. Ils
s'y tient deux foires par an , &
deux marchés par semaine.

Les Quakers forment le plus
grand nombre des habitans de
Philadelphie. Il s'est joint à eux
des Protestans de différentes sectes. Il y en a même qui sont de la
communion Anglicane. Ces derniers ont bâti un temple suivant
les rites de leur Eglise. Les Quakers qui voyoient d'abord ces in-
novations de mauvais œil, les supportent à présent sans murmure.
Les autres sectes ont de même des
lieux où ils s'assemblent pour les
exercices pieux. Le quai qui bor-
de la ville est très-beau. Un vais-

feau de 500 tonneaux peut y venir débarquer.

La réunion de tant d'avantages
a rendu Philadelphie fameuse, &
une des places les plus commer-
çantes de l'Amérique Angloise.
Il est probable que sa puissance
ira toujours en augmentant, &
qu'elle surpassera bien-tôt par le
nombre & par la richesse de ses
habitans les villes les plus considérables du Nouveau-Monde.
On y trouve toute sorte d'ouvriers. Il y a aussi une Imprimerie
qui publie une gazete toutes les
semaines.

En 1731, suivant le calcul fait
sur les registres mortuaires de
Philadelphie, il s'y trouvoit 12,
240 habitans. Il n'y en a pas beaucoup plus dans Exeter en Angleterre. Il appert par les registres
de la douane de la même ville que
du 25 Mars 1735 au 23 Mars

1736, il entra 199 bâtimens dans son port, & qu'il en sortit 212. Parmi ces derniers il y avoit 53 vaisseaux, 21 chaloupes, 53 brigantins. En 1730, il n'y étoit entré que 161 bâtimens, & il n'en étoit sorti que 171.

La haute Pensilvanie gît sous la même latitude que Naples en Italie, & Montpellier en France, deux places des plus saines & des plus agréables que l'on connoisse Mais on ne doit rien conclure de ce rapport en faveur de la température d'air qui regne dans cette partie du Nouveau-Monde. Il est reconnu que les climats different beaucoup dans le continent de l'Amérique de ceux de la même latitude en Europe. La baye de Hudson & la Tamise sont presque à la même élévation vers le Pole. Cependant les pays que la Tamise arrose jouissent d'un climat tempéré, au lieu que les frimats rendent presqu'inhabitables ceux qui environnent la baye d'Hud-son. L'hiver est souvent assez rude dans la Pensilvanie pour glacer la riviere de Delaware. La chaleur n'y a pas moins de force durant l'été. On la supporteroit difficilement, si des brises (*a*) qui s'élevent dans cette saison n'en tempéroient l'ardeur. Elles viennent du sud-oüest. Dans les trois autres saisons le vent souffle presque continuellement du nord-oüest. Cette circonstance fait connoître la cause des grands-froids qui se font sentir dans la Pensilvanie : il paroît par-là que l'on doit l'attribuer à ce que les vents passent par-dessus les lacs & les montagnes neigeuses du Canada avant d'arriver dans cette Province.

Malgré la rigueur des hivers,

Productions naturelles.

On appelle *Brises*, en terme de mer, un vent frais.

la terre y est fertile, grasse, aisée à essartir. Les racines des arbres ne s'y enfoncent pas profondément. Un grand nombre de rivieres & de canaux entre-coupent le pays de maniere à le rendre propre à la navigation & au commerce. Il y croît des arbres de toute espece, comme le chêne, le frêne blanc & noir, le hêtre, le noisetier, le cédre, le noyer, le cyprès. On y trouve des peupliers, l'arbre à gomme, le sassafras, &c.

Les bleds, les légumes, les fruits y viennent en abondance. On y cultive principalement le mays ou bled d'Inde, le chanvre, & le lin. Il est commun d'y recueillir 40, 50 & 60 boisseaux de grain pour un. Un colon, nommé Edouard Jones, a eu dans ses champs un grain d'orge apporté d'Angleterre, qui avoit produit 70 tiges, chargées chacune d'un épi. Mais ce fait eſt unique.

Les quadrupedes qui ſe trouvent dans le pays ſont des daims, des élans, des lapins, des caſtors, des écureuils, des chats ſauvages, des pantheres, des loutres, des loups, des renards, des minks, des rats muſqués, & l'animal qu'on nomme *le pêcheur*. On y a auſſi tranſporté d'Europe des chevaux & du menu bétail. Ils y ont ſi bien multiplié, qu'un planteur ordinaire a des troupeaux de quatre à cinq cens pieces.

Pour ce qui eſt des oiſeaux, il y a des coqs-d'Inde qui peſent 40 ou 50 livres, des faiſans, des francolins, des pigeons, des perdrix, des merles, des cignes, des oyes, des canards, des ſarcelles, des bécaſſines, & des corlis.

A l'égard du poiſſon, on pêche en abondance dans la baye de Delaware des eſturgeons, des anguilles, des éperlans, des perches, & plusieurs autres qui ne méritent pas qu'on en fasse mention. On trouve beaucoup de mines de fer dans cette contrée.

Les Pensilvains n'ont point eu de guerre avec les Sauvages leurs voisins. Pen en arrivant dans le pays où Charles II. lui avoit permis de conduire ceux qui voudroient le suivre, commença à l'exemple de ses compatriotes qui vinrent s'établir les premiers en Amérique, par acheter des Indigenes le terrain où il prétendoit se fixer. Il fit des traités avec eux qui furent observés de part & d'autre : tant parce que les Quakers à qui leur Religion défend de manier les armes, éviterent de donner aux Sauvages des mécontentemens, que parce que ceux-ci voyant les Anglois en grand nombre, & sachant le mauvais succès des guerres qui avoient été entreprises contre ceux des autres colonies, n'oserent enfreindre leurs engagemens, sur-tout étant moins à portée que les autres Sauvages d'être animés & soutenus par les François.

La plus grande partie des Anglois qui suivirent Pen, étoient Non-conformistes, & venoient principalement de Londres, de Liverpool, & de Bristol. Leur nombre passoit deux mille. Ils trouverent dans le Nouveau-Jersey occidental des Suédois & des Hollandois, qui bien loin d'être un obstacle à leur établissement, s'empresserent de se joindre à eux.

La constitution du gouvernement de la Pensilvanie fut dressée par Sir William Jones, Jurisconsulte aussi connu par sa vaste érudition dans les matieres de Droit, que par son Patriotisme. Je crois qu'on verra avec plaisir la charte qui en étoit la base.

CHARTE *accordée par William Pen, aux habitans de la Pensilvanie.*

LE Roi Charles II. par ſes lettres-patentes, ſous le grand-ſceau d'Angleterre, ayant bien voulu par les conſidérations mentionnées dans leſdites lettres, donner & accorder à moi William Pen, Ecuyer (comme fils & héritier de feu Sir William Pen) & à mes hoirs & ayant cauſe, toute cette étendue de pays appellée *Penſil-vanie* en Amérique, avec les prérogatives, prééminences, pouvoir & autorité abſolue, néceſſaires pour le bien-être & le gouvernement de cette province, à tous ceux qui verront ces préſentes, ſçavoir faiſons : que pour le bien-être & le gouvernement de ladite province, & pour l'encouragement, tant des planteurs & habitans, que de ceux qui peuvent y avoir intérêt, en conſéquence du pouvoir qui m'eſt ac-

cordé, Je William Pen ai déclaré, accordé, & confirmé, & par
ces préſentes pour moi, mes hoirs
& ayant cauſe, déclaré, accorde
& confirme à tous planteurs, habitans & conceſſionnaires de ladite province, les franchiſes, libertés & propriétés ſuivantes,
pour en jouir & ètre tenues,& gardées à jamais par leſd. planteurs,
habitans, & conceſſionnaires de
la province de la Penſilvanie.

1°. Le gouvernement de cette
province ſera compoſé du Gouverneur & des Bourgeois, & citoyens de la province, formant
un conſeil provincial & une aſſemblée générale ou Parlement. Ce
ſera par eux que toutes les loix ſeront dreſſées, les Magiſtrats choiſis & les affaires publiques réglées,
de la maniere détaillée dans les
articles ſuivans.

2°. Les bourgeois & citoyens
de la province s'aſſembleront le

douzieme jour du douzieme mois
de cette année 1682, & choisi-
ront entr'eux soixante & douze
personnes de mérite & de capa-
cité, lesquelles s'assembleront le
dixieme jour du premier mois suivant, & formeront un conseil
provincial.

3º. De ce Conseil Provincial
choisi pour la premiere fois en
entier, un tiers servira trois ans,
un autre tiers servira deux ans,
& le dernier tiers servira seulement un an. Alors ce dernier tiers
sortira d'exercice le douzieme
jour du douzieme mois de l'année
suivante (& ainsi à perpétuité). Les
citoyens & les bourgeois de la
province s'assembleront.& choi-
siront de nouveau vingt-quatrè
personnes (qui font le tiers des
soixante & douze, dont le Conseil doit être composé) pour servir dans le Conseil Provincial
pendant trois ans à la place des

24, qui ne devront plus y entrer. Enforte que tous les ans un tiers de ce Conseil Provincial sera renouvellé, & qu'aucun des membres n'y restera pas plus de trois années. Si un des Conseillers meurt durant son exercice, on en élira un autre à la prochaine élection, pour le remplacer & remplir ses fonctions durant autant de tems seulement que le décédé en avoit encore à servir.

4°. Après les sept premieres années de cet établissement, aucun des membres du Conseil qui aura fait son tems, ne pourra être élu de nouveau, afin que tous les habitans puissent avoir part au gouvernement les uns après les autres, & se mettre au fait des matieres publiques.

5°. Dans tous les cas d'importance : tels que l'examen d'un bill à proposer pour faire une loi ; l'érection d'une cour de Judicature ;

le

le jugement des criminels ; le
choix des officiers ; les membres
du Conseil Provincial, ne pourront former un *quorum* ; c'est-à-
dire ne seront pas censés en nombre suffisant pour décider, à moins
que les deux tiers d'entr'eux ne
se trouvent rassemblés (a), & une
proposition du genre spécifié dans
cet article, ne pourra passer que
les deux tiers ne l'approuvent.
Mais dans les cas moins impor-
tans vingt-quatre membres dudit
Conseil feront un *quorum*, & les
affaires s'y décideront à la pluralité des voix.

(a) On se sert en Angleterre du mot latin
quorum, pour signifier un nombre des membres d'une compagnie suffisant pour agir. Ce
terme vient de ce que dans les lettres qui
nomment des Députés, des Juges, des Commissaires, &c. Après en avoir spécifié le
nombre total, supposez douze, par exemple ; il est dit, *sept desquels*, (QUORUM
SEPTEM) *étant assemblés auront le pouvoir attribué aux douze.*

Q

6°. Le Gouverneur (*a*) ou fon Député pourra préfider dans le Confeil Provincial, & y aura trois voix, & ledit Confeil Provincial tiendra fes féances, ou les continuera felon qu'il s'ajournera ou qu'il fera ajourné par fes Committés (la forme de ces Committés eft réglée par l'article XIII.).

7°. Le Gouverneur & le Confeil Provincial drefferont les bills qu'ils jugeront convenables au bien de la province, & les propoferont à l'affemblée générale ou Parlement. Ces bills feront affichés dans les lieux les plus fréquentés, trente jours avant la tenue de l'affemblée générale, afin que la province puiffe décider en connoiffance de

____

(*a*) William Pen étoit tout-à-la fois Propriétaire & Gouverneur de la Penfilvanie. Tous les Seigneurs-Propriétaires réuniffent les deux titres, à moins que le Parlement ne les prive du gouvernement de leur propriété, ou que leur charte ne foit révoquée.

cauſe, ſi il eſt avantageux ou non, d'en faire une loi.

8°. Le Gouverneur & le Conſeil Provincial prendront ſoin que les loix, les ſtatuts, les ordonnances qui auront été faites dans la Province, ſoient exécutées ſelon leur forme & teneur.

9°. Le Gouverneur & le Conſeil Provincial veilleront à la tranquillité & à la ſûreté de la Province, & à ce que perſonne n'entreprenne de renverſer la forme du gouvernement.

10°. Le Gouverneur & le Conſeil Provincial auront droit dans tous les tems de décider du lieu où ſeront bâties les villes, & où ſeront établis les ports & les marchés, de même que de la maniere ſuivant laquelle les rues en ſeront alignées, & les édifices conſtruits. Les grands chemins & les routes particulieres ſeront auſſi de leur dépendance.

Q ij

11°. Le Gouverneur & le Conseil Provincial auront dans tous les tems le pouvoir d'examiner les comptes des Tréforiers publics, & de punir ceux qui auront employé quelque partie des revenus à un autre usage qu'aux destinations fixées par le Gouverneur, le Conseil Provincial, & l'assemblée générale unis.

12°. Le Gouverneur & le Conseil Provincial prendront soin des écoles publiques, & encourageront par des récompenses ceux qui s'appliqueront aux sciences pratiques, & les auteurs des inventions utiles.

13°. Le Conseil Provincial, afin de mieux remplir les fonctions qui lui sont attribuées, & de mieux répondre à la confiance dont il est chargé, se partagera en quatre Comittés : chacun par conséquent composé de dix-huit membres du Conseil. Ces dix-huit

Conseillers seront tirés également des trois ordres d'élections. Chaque Committé aura son département particulier : sçavoir, le premier prendra soin des plantations, de l'assiette des villes, ports, marchés, grands-chemins, & connoîtra des procès & des contestations qui s'éleveront touchant ces parties. Le second veillera à l'administration de la justice, à la tranquillité, & à la sureté de la province. Le troisieme dirigera le commerce & les finances conformement aux loix, encouragera les manufactures & la culture des terres, & réglera les dépenses publiques. Le quatrieme aura l'inspection des mœurs, protégera les arts, & procurera une éducation solide à la jeunesse. Le *quorum* de chacun de ces Committés sera fixe ; c'est-à-dire, deux de chaque ordre d'élection, ce qui formera un Conseil permanent,

compolé de vingt-quatre membres, lequel aura le pouvoir du
Conseil Provincial (le nombre de
vingt-quatre étant le *quorum* de
ce Conseil). Dans tous les cas qui
ne font pas exceptés par le cinquieme article, le Gouverneur ou
fon Député pourra préfider à ce
Conseil permanent en l'abfence
du Gouverneur & de fon Député,
fi ni l'un ni l'autre n'ont pris foin
de nommer un Préfident, le Committé en élira un qui n'exercera
que pour ce tems. Ce qui fera dé-
cidé dans ce Committé, fera ré-
féré au Conseil de la province, &
ne fera mis à exécution qu'après
que le Conseil Provincial l'aura
approuvé. Ces différens Committés ne tiendront pas leurs féances
en même tems, excepté dans le
cas de néceffité.

14°. Afin que les bourgeois & les
citoyens de la province puiffent
avoir une influence plus pleine &

plus entiere dans la légiflation, il
eft déclaré, accordé & confirmé
que, dans la maniere qu'il a été
dit ci-deflus pour l'élection du
Conseil Provincial, les bourgeois
& les citoyens choifiront tous les
ans parmi eux deux cens perfonnes pour être leurs repréfentans,
& former un Parlement ou aflem-
blée générale qui tiendra fa premiere féance le douzieme jour
du fecond mois de l'année fui-
vante, dans la capitale de la province, où durant huit jours les
membres du Parlement pourront
librement conférer les uns avec
les autres, & avec un Committé
du Conseil Provincial, compofé
de trois Conseillers de chacun des
quatre grands Committés (faifant
douze en tout), qui fera pour lors
établi pour recevoir les changemens que chaque membre du Parlement fera d'avis qu'il foit fait
dans les bills propofés. Le neu-

vieme jour ce Parlement s'affem-
blera , & après lecture faite des
bills par le Sécrétaire du Confeil
Provincial , il les recevra ou les
rejettera. Il faudra les deux tiers
de l'affemblée générale pour faire
un *quorum* , lorfqu'il s'agira de
paffer des loix ou de choifir des
Magiftrats.

15°. Les loix propofées de la maniere ci-deffus, & approuvées par
l'affemblée générale, feront enre-
giftrées comme loix de la province fous ce titre : *Loix établies*
par le Gouverneur, avec le confente-
ment & l'approbation des bourgeois
& habitans compofant le Confeil Pro-
vincial & l'affemblée générale.

16°. Afin que le Gouvernement
& les loix de cette Province foient
établies fur des fondemens plus
folides, & afin que rien ne fe faffe
qu'à la fatisfaction univerfelle,
l'affemblée générale fera compofée pour la premiere fois de
tous

tous les bourgeois & citoyens, &
pour la fuite fera compofée de
deux cens membres, ainfi qu'il a
été arrêté plus haut. Ce nombre
de deux cens fera porté plus loin,
à mefure que le peuple augmente-
ra : de forte cependant qu'il n'ex-
cede pas celui de cinq cens. A l'é-
gard de la maniere & de la proportion à obferver pour l'élection
des membres du Confeil & de
l'affemblée générale pour l'ave-
nir, ce fera le Confeil général qui
propofera fur cet objet ce qui lui
paroîtra de plus convenable, &
l'affemblée générale en décide-
ra.

17°. Le Gouverneur & le Confeil Provincial pourront ériger
des Cours de juftice permanentes
dans les lieux où ils le croiront
néceffaire. Le 13 jour du 1er mois
de l'année, le Confeil Provincial
choifira & préfentera tous les ans
au Gouverneur ou à fon Déput-
R

té, un nombre double de sujets pour remplir les fonctions de Juges, de Tréforiers, de Greffiers durant l'année suivante. Le ving-troisieme jour du second mois de l'année, les bourgeois & les ci-toyens de la Province éliront dans les Cours de chaque comté, lorsqu'elles seront érigées, & en attendant dans leurs assemblées générales, & présenteront au Gouverneur ou à son Député un nombre double de sujets pour remplir les fonctions de Sheriffs, de Juges de paix, de Coroners, pour l'année suivante. Le Gou-verneur ou son Député chcisira parmi ceux qui lui seront présen-tés, le nombre convenable pour chaque place, au plûtard trois jours après qu'ils lui auront été présentés. S'il néglige de faire ce choix, le premier nommé dans les listes qu'on lui aura données, occupera de droit l'année suivan-

te la place pour laquelle il aura
été élu.

18°. Mais comme la Province,
vû son état présent, souffriroit
d'un changement aussi réitéré
dans les Magistrats, & de peur de
retarder ses progrès, Je William
Pen, crois à propos de nommer
& préposer pour Juges, Tréso-
riers, Greffiers, Sheriffs, Juges
de paix, & Coroners, ceux qui paroissent les plus capables d'exercer ces charges. C'est pourquoi
je donnerai des commissions pour
lesdites charges, à tel à qui je
penserai devoir les donner, pour
en faire les fonctions aussi long-
tems qu'ils s'en acquitteront d'u-
ne maniere satisfaisante. Après le
décès de ces Officiers ou leur dé-
position, leurs places seront remplies par des Officiers élus, suivant la maniere prescrite, article
XVII.

19°. L'assemblée générale con-

tinuera ſes ſéances auſſi longtems
qu'elle croira néceſſaire pour paſſer les loix auxquelles elle trouvera à propos de donner ſon conſentement, pour citer devant elle
ceux qu'elle penſera devoir citer,
& pour les juger ; & juſqu'à ce que
le Gouverneur & le Conſeil-Pro-
vincial lui déclarent qu'il n'y a plus
rien à lui propoſer. Cette déclara-
tion rompra l'aſſemblée générale.
Mais cette même aſſemblée pourra de nouveau reprendre ſes ſéances, étant convoquée par le Gouverneur & le Conſeil Provincial,
tant que l'année de ſon élection
ne ſera pas expirée.

20°. Toutes les difficultés qui
pourront ſurvenir au ſujet des é-
lections des repréſentans du peuple, pour ſervir dans le Conſeil
Provincial ou dans l'aſſemblée générale, & toutes les conteſtations
qui pourront naître à l'occaſion
de la légiſlation, du choix des

Magiſtrats , des accuſations in-
tentées par l'aſſemblée générale,
des jugemens rendus ſur ces accuſations contre les criminels par le
Conſeil Provincial, enfin tous les
cas qui paroîtront d'importance,
feront terminés par la voye du
ſcrutin ; & à moins que les circonſtances ne preſſent , aucune
affaire ne ſera décidée dans le
Conſeil Provincial , ni dans ſes
différens Committés le même
jour qu'elle aura été agitée.

21°. Toutes les fois qu'il arri-
vera que le Gouverneur ſera d'un
âge au-deſſous de 21 ans, & que
le pere de ce Gouverneur n'aura
point nommé par écrit des Gardiens ou Commiſſaires, ou bien
que ces Gardiens ou Commiſſaires feront décédés durant la mi-
norité dudit Gouverneur, le Conſeil Provincial conſtituera des
Gardiens ou Commiſſaires au
nombre de trois : l'un deſquels

R iij

 présidera les deux autres, sous le nom de *Député* ou *Chef - Gardien*, & remplira les fonctions de Gouverneur, en n'agissant néanmoins que de l'avis des deux autres dans tout ce qui regardera les affaires publiques de la Province.

22°. Lorsque les quantiemes de mois marqués dans cette charte tomberont sur le premier jour de la semaine qui est le jour du Seigneur (le Dimanche), les affaires marquées pour ce jour, seront remises au lendemain, à moins que les circonstances n'admettent point de délai.

23°. Le Gouverneur, ses héritiers ou ayant cause, ni les Bourgeois & concitoyens, composans tant le Conseil Provincial que l'assemblée générale, ne pourront altérer, changer ou diminuer la force & l'effet de cette charte, ou une partie ou clause d'icelle, ou établir aucune loi, acte,

ou ordonnance qui leur foit contraire, fans le confentement du
Gouverneur, fes hoirs ou ayans
caufe, & des fix feptiemes des
Bourgeois & citoyens de la Province, compofant tant le Confeil
Provincial que l'affemblée générale.

24°. Enfin, Je William Pen,
pour moi, mes hoirs & ayant caufe, ai folemnellement déclaré,
accordé & confirmé, & ici, folemnellement déclare, accorde
& confirme que ni moi, ni mes
hoirs ou ayant caufe, ne feront,
ou feront faire aucunes chofes
qui tendent à violer les *libertés* exprimées dans cette charte.
Si quelques perfonnes trouvent
moyen de faire établir des réglemens contraires aux articles ci-
deffus, ces réglemens feront dé-
clarés fans effet. En foi de quoi,
je William Pen, ai figné cette
préfente charte de libertés, & y ai

R iiij

appofé mon grand fceau ce vingt-
cinquieme jour du fecond mois,
vulgairement appellé Avril, de
de l'an grace mil fix cens quatre-
vingt-deux.

Je n'offrirai que cette charte à
la curiofité du lecteur. Pour ap-
profondir le fyftême du gouvernement de la Penfilvanie, tel qu'il
fut établi par Pen, il importeroit
de connoître les premieres loix
qui furent paffées dans l'affemblée générale de cette Province:
mais le genre de cet ouvrage ne
me permet pas d'entrer dans un
pareil détail. Je me bornerai à
en rapporter trois.

1°. Aucun impôt ne peut être
levé en Penfilvanie fous quelque
nom, & pour quelque caufe que
ce foit, que par une loi expreffe
à laquelle le Parlement de la Province a donné fon confentement;
& quiconque perçoit des impôts
qui n'ont pas été établis par cette

voye, ou quiconque a la foiblesse de les payer, est regardé comme un traître à la patrie, un ennemi public, & est puni comme tel.

2°. Tout enfant au - dessus de douze ans, sans exception, doit apprendre un métier ou un commerce, afin qu'il n'y ait point d'oisifs parmi le peuple ; mais que le pauvre trouve moyen de subsister, & que le riche, si sa fortune vient à être détruite, ne périsse pas d'indigence.

3°. Pour prévenir les procès, les Cours de chaque Comté devoient élire trois Officiers, nommés *les faiseurs de paix*, dont les fonctions étoient de concilier les particuliers entre lesquels il s'élevoit des différends.

Les colons apporterent quelques légeres modifications à divers articles de la charte de libertés que le Propriétaire leur donnoit. D'ailleurs ils promirent de s'y conformer. M. Pen ayant reglé, suivant ses vûes & à la satisfaction du peuple, ce qui concernoit la colonie, retourna en Angleterre pour travailler à ses propres affaires. Quelques discours peu ménagés qu'il tint, l'y rendirent suspect. On l'accusa d'être attaché au parti de Jacques II. & on lui ôta le gouvernement de la colonie qu'il avoit fondée. Les Quakers qu'il avoit si bien servis, l'appuyerent à leur tour, & vinrent about de le lui faire restituer.

Pen retourna en Amérique reprendre possession de ses droits. Il trouva les dispositions des habitans de la Pensilvanie fort changées. Ils n'étoient plus contens de la charte qu'il leur avoit accordée. A peine fut-il arrivé que l'assemblée générale la lui remit. Elle ne montra pas plus d'égard pour une seconde charte qu'il se bâta de lui donner en 1701. Fondée fur la charte même accordée par Charles II. à Pen, elle établit une nouvelle forme de gouvernement, en vertu de laquelle l'affemblée générale eft élue tous les ans fans convocation. Lorfqu'elle eft élue, elle s'ajourne de fa propre autorité, nomme fes Committés, prépare les bills, accufe les criminels d'Etat, &c. Suivant la nouvelle forme, le pouvoir législatif ne réfide plus que dans l'affemblée générale, le Gouverneur ou fon Député, fans l'intervention d'aucun Confeil. Les loix que paffe cette affemblée font envoyées en Angleterre au Confeil privé dans l'efpace de cinq ans après qu'elles font promulguées; & fi le Roi ne les révoque pas fix mois après que la copie en a été fournie au Confeil, il n'eft plus au pouvoir de la Couronne de les caffer.

Les Penfilvains s'adonnerent

vers ce tems-là à la culture du tabac ; le débit qu'ils firent de cette
denrée fut tel , qu'il y eut des années où ils en chargerent jufqu'à
quatorze vaiffeaux pour Londres
& les autres ports de l'Angleterre. Cette partie de leur trafic ne
fubfifte plus, depuis que les habitans de la Virginie & du Mariland ont multiplié leurs plantations de tabac. La quantité de
feuilles de cette plante qui fe récolte dans ces deux dernieres
Provinces , fuffit pour tous les
marchés du monde. Les Penfilvains ont repris leurs premieres
occupations qui étoient d'élever
du bétail, de femer des grains, de
préparer des provifions de bouche, de conftruire des bâtimens
de mer, &c. Ils y trouvent mieux
leur compte qu'à empiéter fur un
commerce déja faifi.

L'efprit de tolérance en Angleterre ayant fuccédé à celui de

persécution, les Quakers ne s'empresserent pas plus que les autres Non-conformistes de quitter leur patrie. Depuis le commencement du siecle, ce ne fut plus que le desir de faire fortune, & non le motif de jouir de la liberté de conscience qui attira des Anglois à Philadelphie. Il y en est venu en foule d'Irlande, de la Principauté de Galles, des Antilles. Ce petit état a subsisté long-tems sans milice au milieu de dix nations Sauvages (il est vrai que ces dix nations composent à peine six mille ames en tout). Mais les Anglois qui vinrent s'y habituer etant Episcopaux, Presbytériens, Anabaptistes, &c. & pouvant se battre sans violer les principes de leur Religion, montrerent aux Quakers la nécessité d'avoir des troupes prêtes pour s'en servir dans l'occasion, soit contre les attaques des pirates, ou contre celles de quelques nations d'Europe ennemie. Les Quakers après avoir formé bien des oppositions, laissent à présent à ceux de leur concitoyens, qui ne pensent pas comme eux, la liberté de se former au maniment des armes, & aux évolutions militaires.

En 1704 la Pensilvanie consommoit déja pour 180, 000 liv. sterlings (4, 140, 000 liv. tourn.) de marchandises venant d'Angleterre; & les impôts levés sur ses productions naturelles apportées dans ce Royaume, produisoient une augmentation de 30, 000 l. sterlings (690, 000 livres tournois) dans les revenus publics.

Les exportations de la Pensilvanie consistent en froment, farine, biscuit, bœuf & porc-salés, jambons, lard, fromage, beurre, savon, bougie de cire végétée (a),

(a) J'appelle ici cire végétée la cire qui enveloppe le noyau du fruit d'un arbre très-

amidon, poudre à poudrer, pomme, cidre, cuir-tanné, suif, chandelle, cire ordinaire, cire végétée, bierre double, huile de lin, peaux, fourrures, castor, & quelque peu de tabac.

Il faut joindre à ces marchandises du bois de charpente, du bardeau, du bourdillon, des mâtures, des vergues, des drogues médecinales : telles que le sassafras, le calamus aromatique. Les matériaux propres à des constructions marines que la Pensilvanie produit mettent ses habitans en état de construire eux - mêmes beaucoup de vaisseaux. Il en sort tous les ans de dessus les chantiers de Philadelphie, un nombre qui compose un port d'environ 2,000 tonneaux, outre ce que les Pensilvains en montent eux-

___

commun dans l'Amérique septentrionale, que les François nomment l'*Arbre-Cirien*, & les Anglois *Wax-Mirtle*.

mêmes pour l'exercice de leur commerce.

Cette colonie cherche à encourager chez elle la culture du chanvre, elle accorde une *bounty* (*a*) particuliere à l'exportation de cette production, outre l'allouance qui est payée en Angleterre à l'importation du chanvre du crû de l'Amérique Angloise. Ces soins ont d'abord produit un bon effet. Du mois de Mai 1726., au 14 Mars 1727, la province exporta 43, 169 livres de chanvre, pour lesquelles il fut payé à raison d'un sol sterling par livre, une somme de 179 livres sterlings 17 schellings 5 d. (4, 137 livres tournois). Du 14 Mars 1727, au 14 Mai 1728, il en sortit 15, 835 livres qui, sur le même pied, valurent à

(*a*) On appelle en Anglois *bounty* la gratification accordée pour l'encouragement de la culture ou de l'exportation d'une denrée, &c.

l'exportcur

l'Exporteur une gratification de
65 liv. sterlings 19 schellings 7 d.
(1, 318 liv. tourn.).

Par la suite, les récoltes devinrent plus foibles. On haussa l'allouance afin de les multiplier. Elle fut rétablie sur le pied d'un sol & demi par livre (trois sols tournois). Cet attrait n'empêcha pas la diminution de la culture du chanvre. Du mois de Mai 1728, au mois de Novembre de la même année, il n'en fut présenté que 9, 363 livres pour obtenir la prîme promise. Du mois d'Août 1729, au mois de Novemb. 3,903 livres seulement ; & de ce mois de Novembre, au mois d'Août de l'année suivante 2, 952.

Lorsque les Pensilvains n'exportent pas leur chanvre, ils en fabriquent des cordages. L'assemblée générale en 1732 passa un acte qui fait voir son attention sur cette partie, il est intitulé : *act*

S

for continuing the encouragement for raising good hemp and imposing penalties on persons manufacturing un merchantable hemp into cordage : ce qui veut dire : acte pour continuer d'encourager la culture du chanvre, & pour décerner des peines contre ceux qui employent du chanvre mal conditionné dans les cordages qu'ils font.

Les Pensilvains commercent avec la Virginie, le Maryland, la Caroline, & toutes les îles de l'Archipel, du Mexique, excepté celles qui dépendent des Espagnols, avec lesquels ils ne trafiquent que par le canal de la Jamaïque. Ce négoce avec les Espagnols, quoiqu'indirect, & celui qu'ils pratiquent avec les Hollandois & les François des Antilles, ne font pas les moins lucratifs de ceux qu'ils exercent. De l'île de Curaſſau feule, ils tirent anuellement près de 6,000 piſtoles. Les denrées qu'ils y envoyent sont du biscuit, de la farine, du porc en baril, du jambon, du maïs, de la bierre double, du cidre, du beurre, du fromage, & quelques animaux vivans, tels que des porcs & des oiseaux. A quelque peu de cacao près, leurs retours de cette île se font toujours en argent comptant.

Ils vont aussi à Surinam, & quoiqu'ils en rapportent moins d'argent, cette branche d'affaires leur apporte beaucoup de profit. Des îles Françoises à qui ils vendent des provisions de bouche & des bois de charpente, ils reçoivent de l'argent, du rum, des mélasses & du sucre.

Par le moyen de la Jamaïque, ils fournissent aux Espagnols de Cuba, de la Nouvelle-Espagne, & de Terre-Ferme, une quantité considérable de farine & de biscuit, qui est payée en piastres.

Cet objet deviendroit très-confidérable, fi les Efpagnols s'adonnoient généralement à fe pourvoir de ces denrées par cette voye.

La Jamaïque & les autres îles Angloifes, pour leur propre confommation, leur achettent une infinité de chofes de différente efpece, dont la plus grande partie eft auffi payée en argent.

Les Penfilvains envoyent aux Canaries, aux Maderes, & aux Açores chercher des vins & des eaux-de-vie. La quantité qu'ils en importent n'eft pas grande. Le cidre, la bierre, l'aile (a) qu'ils font chez eux, & qui y font autant de boiffons excellentes, leur rendent les boiffons étrangeres peu néceffaires.

Ils font un commerce très-animé en bois, en falines, en grains

(a) L'aile eft une bierre fans oublon, ou dans laquelle il n'y a en qu'une dofe legere.

avec le Portugal, l'Espagne, & d'autres contrées de l'Europe. Ils vont aussi à Terre-Neuve. Ils remettent souvent de-là en Angleterre ce qu'ils ont reçu en Espagne, en Portugal, & au-delà des détroits.

Entre la Pensilvanie & la Nouvelle-Angleterre, il y a de même un courant de négoce continuel. On estime que la premiere de ces Colonies remet annuellement dans la Grande-Bretagne une somme de 60,000 livres sterlings en especes, indépendamment de ses productions naturelles, auxquelles elle joint du bois de campêche, du sucre, du ris, de la poix, du gaudron, & de l'huile de poisson.

De ces 60,000 livres sterlings (1,380,000 livres tournois), elle en tire 10,000 de la Virginie & du Mariland; 25,000 d'Espagne, du Portugal, & des ports au-delà des détroits ; & 4,000 des Canaries : ce qu'elle envoye par Terre-Neuve va à quatre autres mille livres sterlings : le reste de de la somme provient de ses profits avec les îles Françoises & Hollandoises.

La marine de cette Province forme 6,000 tonneaux, outre 2,000 que composent les bâtimens construits annuellement qui sortent tout chargés des ports de Philadelphie, & qui n'y rentrent pas comme la plûpart des navires employés constamment au service de la Pensilvanie, qui font plusieurs voyages durant l'année. On évalue la masse de leurs exportations à 12,000 tonneaux. Il est à remarquer qu'il y a peu de ces bâtimens sur lesquels les Anglois d'Europe ne soient intéressés.

Les Pensilvains sont dans le cas des autres Colons du continent septentrional. Leurs profits, quoi-

que très-grands, ne suffisent pas
pour acheter toutes les commodités & les marchandises d'Europe qui leur manquent. Leur in-
dustrie y supplée. Ils ont des ver-
reries, des forges, des tanneries,
des moulins pour couper & préparer le tan, des moulins à scie
pour les bois de charpente & de
menuiserie. Ils fabriquent des
étoffes de lainerie, grossieres à la
vérité, mais qui servent à l'habillement du menu peuple.

On lit dans le Dictionnaire de
Commerce : *Etat général, commerce d'Amérique, article de la Pensilvanie*, que *l'on cultive la vigne
dans cette Province avec assez de
succès*, & que *pour y réussir, il faut
y apporter du plant de France*. Cependant, comme on vient de le
dire, la boisson ordinaire de ses
habitans est le cidre, la bierre,
l'aile. D'ailleurs on a vû qu'ils
achettent des vins de Madere, &

des Terceres. Enfin le filence des
Auteurs Anglois fur un pareil fait
milite contre ce que M. Savary a
avancé dans l'endroit cité.

On préfere dans la Penfilvanie les billets de crédit aux efpeces monnoyées. On y compte de
ces billets pour 80,000 livres fterlings (1 , 84, 000 livres tournois).
Le change fur la Grande-Bretagne étoit au mois de Février
1739, au même taux que dans la
Nouvelle-York.

Un des avantages de cette Colonie eft qu'elle fe trouve fituée
au milieu des autres établiffemens
Anglois du continent. Au fud-
oüeft elle a le Mariland, la Virginie, la Caroline, & la Géorgie
qui la mettent hors d'infulte du
côté des Efpagnols. Au fud-eft &
au nord le Nouveau - Jerfey, la
Nouvelle - York , la Nouvelle-
Angleterre, la Nouvelle-Ecoffe
la défendent des attaques des
François.   M,

M. Pen eut des chagrins ſur la fin de ſa vie. Ils ſont trop étrangers à ma matiere pour les détailler ici. Je dirai ſeulement qu'ayant été trompé par ſes Agens, au lieu d'avoir amélioré ſon bien par l'établiſſement de la Penſilvanie, il ſe vit conſidérablement endetté. Un malheureux procès qu'il perdit le priva de ſa liberté. Ne pouvant ſatisfaire à ce qu'on lui demandoit, il fut arrêté. Cette diſgrace lui troubla l'eſprit, & le rendit incapable d'affaires. Il étoit pour lors fort âgé. Il mourut en 1718, proche Reading en Berkshire. La propriété de la Penſilvanie eſt reſtée dans ſa famille.

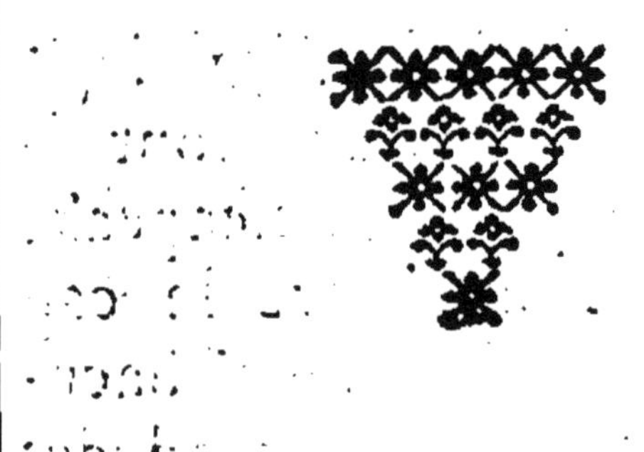

T

CHAPITRE VII.

De la VIRGINIE : du MARY-
LAND. I. Découverte de la VIR-
GINIE : établissement d'une Co-
lonie dans cette partie de l'Amé-
rique : constitution & état de la
Province : ses productions naturel-
les : Commerce de la VIRGINIE.
II. Etablissement d'une Colonie
dans le MARYLAND. Consti-
tution de la Province : productions
naturelles, & état du MARY-
LAND. Commerce du MARY-
LAND. III. Commerce général
des deux Colonies.

De la Vir-
ginie & du
Maryland.

LA Colonie de la Virginie &
celle du Maryland sont si-
tuées sur la baye de Cheseapeak,
dont l'entrée est entre le cap
Henri & le cap Charles. Chacune de ces contrées s'étend des

deux côtés de la baye. La grande riviere de Patowmeck, & celle de Pokomoak séparent la Virginie du Maryland; l'une à l'est, l'autre à l'oüest.

I. On comprenoit autrefois sous le nom de Virginie tout cet espace de côtes qui est entre la Floride & la Nouvelle - Ecosse: espace qui comprend la Nouvelle-Angleterre, la Nouvelle-York, le Nouveau-Jersey, la Pensilvanie, le Maryland, la Virginie, (telle qu'elle est bornée aujourd'hui).

On a vû que les Anglois attribuent la découverte de cette partie de l'Amérique à Jean Cabot, employé par Henri VII. & que les François au contraire soutiennent qu'elle est dûe au Florentin Verazzan, qui en prit possession au nom de François I.

Quoi qu'il en soit de ces préten-

Découverte de Virginie

tions, c'eſt le fameux Walter Raleigh qui, le premier parmi les Anglois, ſongea à former un établiſſement dans cette contrée. Animé par les avantages que les Anglois avoient trouvé dans les Indes occidentales, il conçut le deſſein de chercher quelque lieu dans le Nouveau-Monde qui procurât les même richeſſes à ſa nation. L'Etat n'étant pas dans des circonſtances qui permiſſent à la Cour de le ſeconder, il fit entrer dans ſes vûes des négocians, & pluſieurs perſonnes riches, à l'aide deſquels il arma deux vaiſſeaux ſous le commandement de Phillip Amidas & d'Arthur Barlow, pour aller découvrir quelque nouvelle terre.

Ces bâtimens partirent au mois d'Avril 1584. La Reine Eliſabeth avoit accordé à Raleigh des lettres-patentes qui lui cédoient la propriété de toutes les terres où ſes navires aborderoient , pourvû qu'elles n'appartinſſent alors à aucune nation Chrétienne.

Les deux vaiſſeaux prirent terre dans une île peu éloignée du continent, entre le grande baye de Cheſeapeak & le cap Fear. Ils y négocierent avec les Indigenes , & revinrent heureuſement en Angleterre, apportant avec eux des Sauvages, des fourrures , & quelques autres productions du pays , entr'autres du tabac qui fut le premier que l'on vit dans ce Royaume. La deſcription que l'on fit de cette contrée à la Reine lui plut tellement, que concevant les meilleures eſpérances d'une pareille découverte, elle voulut que ce pays s'appellât *Virginie* , en mémoire du célibat dans lequel elle vivoit. D'autres diſent que Sir Walter donna de lui - même ce nom au ys.

Les Aſſociés du Chevalier Ra-   Etabliſſe

T iij

leigh encouragés par ces premiers succès, armerent sept vaisseaux qui mirent à la voile en
1585, dans la vûe de commencer
un établissement sur les côtes nou-
vellement découvertes. Sir Richard Greenville qui avoit été
du premier voyage, commandoit
cette flote. Il laissa 108 hommes
dans l'île où il avoit débarqué la
premiere fois, & revint en Angleterre. Cette tentative manqua
par les obstacles que les Sáuva-
ges apporterent à l'établissement
des Anglois, & sur-tout par la
faute que ceux-ci commirent en
ne se livrant pas d'abord à la culture des terres. Ils se reposerent
sur les provisions qu'on devoit
leur envoyer d'Angleterre. Il n'en
vint pas ; ou du moins celles que
Raleigh leur envoya au bout de
deux ans à ses propres dépens, arriverent trop tard. Deux autres
tentatives qui suivirent la pre-

miere , furent également sans
fruit.

Les mauvais sucès qui s'étoient
jusqu'ici opposés à la fondation
d'une Colonie dans cette contrée
en firent abandonner l'entreprise. On n'en visita plus les côtes
que pour y commercer , sans a-
voir , durant quelque tems , le
dessein de s'y fixer. Le bénéfice
que ces voyages rapporterent aux
Avanturiers qui les tenterent , &
les vives sollicitations du Capitaine Gosnold réveillerent dans l'esprit des Anglois l'idée du premier
projet. Plusieurs Négocians de
Londres , de Bristol , d'Exeter ,
& de Plymouth , & plusieurs personnes de considération s'unirent
pour en essayer l'exécution de
nouveau.

En parlant de la Nouvelle-Angleterre , nous avons dit que Jacques I. par une patente datée du
10 Avril 1606, forma deux com-

pagnies de ces Avanturiers, l'une desquelles étoit composée des seuls marchands de Londres. Celle-ci jetta les premiers fondemens de la Colonie qui occupe le pays, que l'on appelle aujourd'hui *la Virginie*, & qui est bornée au sud par la Caroline, au nord par la riviere de Patoumeck, à l'est par la mer du nord, & à l'oüest par les terres inconnues. L'autre compagnie fonda la Colonie de Plymouth dans la Nouvelle-Angleterre. *Voyez* chap. 3.

Comme les Anglois ne connoissoient alors le continent de l'Amérique septentrionale que sous le nom de Virginie, on distingua dans la charte la partie du même continent qui porte aujourd'hui ce nom par celui de *Virginie méridionale*; & la compagnie qui avoit sa concession par celui de *premiere Colonie de la Virginie*. Il lui étoit accordé une étendue de

cinquante milles Anglois en tous
sens autour de l'établissement qu'-
elle formeroit sur ces côtes entre
le 34 & le 41 degrés de latitude
nord.

La compagnie ne tarda pas à
faire usage des priviléges de sa
charte. Dès la premiere année
qu'elle l'obtint, elle mit en mer
deux vaisseaux sous le commandement du Capitaine New-Port,
qui porterent en Amérique un
nombre d'hommes suffisant pour
y commencer un établissement.
Cette Colonie bâtit la ville de
James - Town sur une péninsule
qui s'avance dans la riviere de
Powhatan, nommée aussi la riviere James. De cette ville, en
1609, il sortit deux petites Colonies de 120 hommes chacune,
qui s'établirent l'une à Nausa-
mond & l'autre à Powhatan,
ville Sauvage qui avoit été achetée de Powhatan Roi du pays.

La mauvaise conduite des Anglois dans ces premiers tems pensa causer leur ruine totale, & ruina en effet les deux derniers établissemens qu'ils avoient formés. Les Sauvages les attaquerent, & les resserrerent si fort dans James-Town, que réduits à une soixantaine, d'environ cinq cens qu'ils étoient, ils crurent n'avoir pas d'autre parti à prendre que de s'embarquer pour l'Angleterre avec des provisions seulement pour seize jours, dans l'espérance d'arriver à Terre-Neuve avant qu'elles fussent consommées. Ils se mettoient en devoir d'exécuter ce parti désespéré, lorsque le Lord Delaware, qui avoit été nommé Gouverneur de la Virginie, arriva d'Angleterre avec trois vaisseaux, & les engagea à revenir sur leurs pas.

Ce Seigneur étant tombé malade, repassa en Europe, & laissa

deux cens hommes en Virginie.
Sir Thomas Dale fut nommé à sa
place. Il vint dans son Gouvernement au mois de Mai 1611,
avec 3 vaisseaux chargés d'hommes & de provisions. Les mêmes
desordres qui avoient pensé perdre la Colonie continuoient d'y
regner. La négligence des Colons à cultiver la terre pour avoir
des grains, étoit à la veille de
les plonger dans les plus fâcheu-
ses extrêmités. Sir Thomas commença par pourvoir à cet article. Quoique la saison fût avan-
cée, il ordonna d'ensémencer les
terres, & malgré le peu de tems
que l'on eût pour préparer les
champs, la moisson fut assez abondante. Dales-Gift, une des meilleures villes de la Virginie, doit
son origine à ce Gouverneur. Ce
fut lui qui l'éleva à ses propres dépens. Aussi le nom de cette place
est-il un monument de sa géné-

rosité. Dales-Gift signifie *présent de Dale.*

Dans le mois d'Août de la même année, six vaisseaux commandés par Sir Thomas Gates, apporterent à James-Town de nouvelles provisions & de nouveaux habitans. Ce renfort mit la Colonie en état de s'étendre. Elle bâtit à Arrahattuck, cinquante milles au-dessus de James-Town, une ville qui fut nommée *Henricopolis.* En 1612, deux autres vaisseaux, sous le commandement du Capitaine Argall, lui apporterent encore des provisions de toute espece.

Quelques années se passerent sans que la Colonie reçût aucun secours considérable. Mais en 1619, la Compagnie de la Virginie y envoya une flote chargée de bétail, de toutes sortes de provisions, & d'environ 1,300 hommes : & en 1621, le Comte de

Southampton qui la préfidoit, fit
pafler un nouveau renfort dans
fa conceffion. A-peu-près vers ce
tems, on établit une faunerie au
cap Charles, & une forge à *Fal-
ling-Creek*. De nouvelles bandes
d'Anglois vinrent encore s'habituer en Virginie dans les années
fuivantes. Cette Colonie fe fen-
tant nombreufe, commença à
veiller avec moins d'attention
fur les démarches des Sauvages.
Ceux-ci crurent pouvoir profiter
de fa fécurité. Ils s'unirent fe-
cretement ; & comme les habi-
ations des Anglois étoient écar-
ées les unes des autres, ils entre-
prirent d'en faire un maffacre gé-
éral. Leur deffein n'eut pas man-
ué de réuffir, fi la Colonie n'eût
as été avertie par un Sauvage
onverti. Mais comme elle ne
ut informée du complot que cinq
eures avant le tems marqué pour
on exécution, les Sauvages trou-

verent le moyen de tuer 334 perfonnes, & de détruire quelques
établiſſemens, entre leſquels fut la
forge de *Falling - Creek*. Les Anglois leur rendirent la pareille
quelque tems après.

Jacques I. ne voulut pas abandonner la Virginie , il y envoya
des recrues d'Europe qui répare-
rent ſes pertes. Mais bien - tôt la
diviſion ſe mit parmi les membres
du Conſeil. Les Sauvages s'en pré-
valurent pour faire une irrup-
tion , dans laquelle ils égorge-
rent un grand nombre de Colons.

Ces deſaſtres & la lenteur de
progrès de la Colonie qu'on at-
tribuoit au mauvais gouvernement des propriétaires, qui, pour
la plûpart, laſſés des pertes qu'ils
avoient faites , cédoient leurs
droits à ceux qui vouloient les
acquérir , engagèrent Charles I.
à ſon avénément au trhône à ré-

roquer la charte de la Compagnie de la Virginie, & à prendre
cet établissement sous sa protec-
tion immédiate.

Je n'entrerai point dans le détail des autres événemens qui con-
cernent l'histoire de la Virginie.
Je sortirois des bornes que je me
suis prescrites. Il suffira de dire
que malgré la sédition excitée
vers l'an 1676, par un Colonel
nommé Nathaniel Bacon, qui y
avoit fixé son séjour; & malgré
les troubles que l'avilissement du
tabac occasionna en 1679, cette
Colonie, depuis l'époque où je
m'arrête, s'est fortifiée de plus en
plus; & qu'il n'y a eu aucune altération bien considérable dans
la constitution, si ce n'est en 1680.
Nous allons rendre compte du
changement qui y fut fait cette
année.

La Virginie avoit été d'abord
gouvernée sous la direction de la

Compagnie, par un Conseil que la Compagnie nommoit, & par un Président choisi par les habitans. La Compagnie avoit ensuite obtenu du Roi le droit de nommer un Gouverneur à la place du Président. En 1620, la Colonie se trouvant nombreuse, chaque ville & chaque canton élut des Députés, qui, avec le Gouverneur & le Conseil, formoient l'assemblée générale de la Province. Cette assemblée décidoit des affaires publiques. Charles I. laissa subsister les choses sur le même pied; & elles continuerent d'y demeurer jusqu'en 1680. Pour lors le Conseil qui s'assembloit avec les Députés de la Province dans la même chambre, à-peu-près comme le Parlement d'Ecosse, forma une chambre séparée à l'imitation des deux chambres du Parlement d'Angleterre.

La constitution du Gouvernement

ment de cette Province eſt moins
favorable aux habitans, que celle des Colonies plus ſeptentrionales. Le Gouverneur y a beaucoup
d'autorité. Son adminiſtration
par conſéquent peut être quelquefois arbitraire; dès-là, la porte eſt
ouverte à l'oppreſſion.

La baye de Cheſeapeak, ſur
laquelle ſont ſitués la Virginie &
le Maryland, eſt large de 10
lieues; quelques - uns diſent de
ſept ſeulement entre le Cap-Hen-
ri & le Cap-Charles. Elle gît par
le trente-ſeptieme degré de latitude nord. Cette baye s'enfonce
près de 70 lieues dans les terres,
& conſerve encore une largeur
de ſept milles, à ſoixante lieues
de ſon entrée. On dit que tous les
vaiſſeaux d'Europe raſſemblés,
pourroient y être à l'ancre.

On avoit partagé la Virginie
en vingt - cinq diviſions. Depuis
on l'a diſtribuée en vingt - neuf,
V

qui comprennent cinquante-quatre paroisses. James-Town, autrefois la capitale, n'a que 70 maisons. Le goût des Colons qui aiment mieux demeurer au milieu de leurs plantations que de se rassembler dans des villes, donne lieu de croire que cette place sera longtems dans le même état. La mauvaise qualité des eaux que l'on y boit, & quelques autres raisons, ont forcé le Gouverneur à fixer sa résidence à Williamsburg, & à y transférer les Cours de Judicature & le siege de l'assemblée générale. Il n'y a qu'un petit nombre de maisons dans cette derniere ville. Mais on y a élevé trois édifices publics des plus beaux qui soient dans l'Amérique. Dans le tems qu'on traça le plan de cette ville, on disposa les rues de façon, qu'à mesure que l'on y bâtiroit des maisons, elles représenteroient le chiffre de

Guillaume III. sous le regne de qui Williamsburg fut commencée. Ce chiffre consistoit dans la lettre initiale du nom de ce Prince *W* (*a*). Ce dessein n'étoit pas encore achevé en 1722. Il n'y avoit pour lors que deux branches du double *W* de formées, c'est-à-dire, que les bâtimens qui y étoient élevés, ne faisoient par leur alignement que cette figure *V*. Cette ville a un théâtre où l'on joue la Comédie.

On a eu à cœur en Angleterre d'engager les Virginiens à se rassembler & à composer quelques villes, au lieu de vivre dispersés dans la campagne. Les loix que l'on fit dans cette vûe n'ayant pas eu d'effet, on imagina de bâtir des forts dans toutes les rivieres où les vaisseaux avoient coutume de commercer, & de les obliger à se

(*a*) Guillaume se dit en Anglois *William*.

V ij

rendre ſous le canon de ces forts pour y débarquer, & y faire leur chargement. L'ordre en fut donné ; mais il demeura ſans exécution faute de fonds. Si ce projet eût été ſuivi, il eſt certain qu'inſenſiblement les habitans ſe ſeroient raſſemblés autour des forts, & auroient enfin formé des villes.

On fait monter à 140, 000 ames au moins le nombre des habitans de toute la Colonie. On comprend dans cette ſupputation les réfugiés François & les Negres. Afin de confirmer ce calcul, je donne ici le dénombrement des Colons tel qu'il fut fait en 1703. Les Negres, ni les proteſtans François qui ſe refugierent dans la Virginie après la révocation de l'Edit de Nantes, n'y ſont pas compris.

Dénombrement des habitans de la Virginie , fait par Comtés ou divisions en 1703.

Noms des Comtés.	Total des habitans.	Hommes.	Femmes & enfans.
Henrico	2413	915	1498
Prince-George & la Cité de Charles	4045	1406	2639
Surrey	2230	880	1350
Isle de Wight	2714	841	1873
Nausamond	2530	1018	1512
Norfolk	2279	717	1572
La Princesse Anne	2037	686	1351
James	2990	1297	1693
York	2357	1208	1142
Warwick	1177	282	895
Elizabeth	1188	469	719
New-Kent	3374	1325	2094
King-William	1834	803	1031
King and Queen	2842	1244	1598
Glocester	5834	2628	3206
Middlesex	1632	776	856
Essex	2400	1090	1301
Richmond	2622	1392	1230
Stafford	2033	863	1170

Noms des Comtés.	Total des habitans.	Hommes.	Femmes & enfans.
West-morland	2736	1131	1605
Lancaster	2155	941	1214
Northumberland	2099	1168	931
Accomack	2804	1041	1763
Northampton	2081	712	1369
	60606	25023	35583

Etat de la Milice dans les mêmes Comtés.

Noms des Comtés.	Milice.	Cavalerie.	Infanterie.
Henrico	345	98	247
Prince-George & la Cité de Charles	625	303	422
Surrey	350	62	288
Isle de Wight	514	140	374
Nausamond	591	142	449
Norfolk	380	48	332
La Princesse-Anne	284	69	215
James	401	123	278
Yorek	390	65	215
Warwick	201	49	152
Elizabeth	196	54	142
New-Kent	420	120	300

Noms des Comtés.	Milice.	Cavalerie.	Infan-terie.
King-William / King and Queen	691	189	509
Glocester	594	121	473
Middlesex	199	56	143
Essex	438	139	299
Richemond	504	122	382
Stafford	345	84	261
West-morland	451	133	318
Lancaster	271	42	229
Northumberland	522	130	92
Accomack	456	101	355
Northampton	347	70	277
	9522	2363	7159

Si la Colonie de la Virginie contenoit plus de soixante mille ames en 1703, indépendamment des François & des Negres, il n'est pas étonnant qu'on y en compte aujourd'hui 140,000 en tout. Cette Province s'est considérablement améliorée depuis le commencement de ce siecle.

Les Gouverneurs de cette Pro-

Productions naturelles.

vince ont voulu plusieurs fois encourager les Colons à fabriquer des toiles, des étoffes de lainerie, à élever des vers-à-soye, à faire du sel. Quels qu'aient été leurs efforts, ils n'ont pû établir solidement ces manufactures. La consommation du tabac qui s'est augmentée en Europe a déterminé les Virginiens à se borner à la culture de cette plante. Il est vrai qu'elle a cela de commode, qu'il ne faut qu'un fond médiocre pour en entreprendre la plantation, & que les soins qu'elle demande n'exigent pas beaucoup de mains. Il ne faut pas croire cependant que cette Colonie soit absolument sans manufacture. Il s'y fabrique en petite quantité des toiles faites du lin que produit le pays.

Le meilleur tabac de la Virginie, celui que l'on appelle *sweet-scented-tobaco* se recueille sur une langue de terre qui s'avance entre

tre la riviere d'York & celle de James. Ce tabac vaut quelquefois douze deniers sterlings. Le prix ordinaire est infiniment moindre, puisqu'il ne coûte à Londres, tous frais payés, que deux deniers un quart (un peu moins que cinq sols tournois).

La Virginie est un pays très-fertile. Il y croît une multitude infinie de fruits & d'arbres de toute espece. La mer qui en baigne les côtes, & les rivieres qui se déchargent dans la baye de Cheseapeak abondent en poisson. On y pêche de la morue, des esturgeons, &c. La plûpart de ces productions sont négligées, ou du moins la Colonie ne tire pas de leur variété autant d'objets de commerce que les autres Colonies Angloises, dont nous avons déja fait mention.

Tout le négoce de la Province aboutit comme à son centre à

X

cette langue de terre qu'arrosent d'un côté la riviere d'York, & de l'autre celle de James. Il consiste principalement dans la vente du tabac. Les Virginiens ont porté la préparation de cette denrée à une si grande perfection, que le tabac qu'ils débitent passe pour le meilleur du monde; ils vendent aussi des cuirs verds, des pelleteries, des bois de charpente; & ils envoyent quelques provisions à la Barbade, ainsi qu'aux autres Antilles. Ils rapportent en échange du Rum, de la mélasse, & du sucre.

Dans la Virginie, le commerce ordinaire se fait par échange. Il ne laisse pas cependant de s'y trouver de l'argent monnoyé. On y en verroit davantage, si les habitans ne trouvoient du bénéfice à le faire passer dans les autres colonies. Les principales pieces de monnoye qui y ont cours sont les féquins, les piaftres, & les efpeces frappées au coin d'Angleterre.

Les Virginiens tirent d'Angleterre les étoffes dont ils s'habillent; les uftenciles dont ils fe fervent, tant dans leur ménage qu'aux champs ; de la Quincaillerie, des fcelles, des brides, de la dinanderie. Quoiqu'ils demeurent au milieu des bois, la culture de leurs plantations a tellement fixé leur attention qu'ils font obligés de faire venir auffi d'Europe des chaifes, des fauteuils, & d'autres petits meubles de bois de toute efpece qui fe travaillent au tour. En un mot, il n'y a point de fabrique dans la Grande-Bretagne qui ne leur envoye quelques fortes de marchandifes. La confommation qu'ils en font, fournit de l'emploi à un grand nombre des ouvriers de cette île.

II. Le Maryland a pour bornes

Du Maryland.

à l'oueſt de hautes montagnes, à
l'eſt la baye de Cheſeapeak, & la
mer du nord, au nord la baye
de Delaware, & au ſud la riviere
de Pokomoak. Cette Province
ſe diviſe en onze Comtés, ſix ſur
les côtes occidentales de la baye,
& cinq ſur les côtes orientales. Elle gît par le trente-ſeptieme degré
50 minutes, & le quarantieme degré latitude nord.

Outre Sainte-Marie ſa capitale,
elle a encore deux autres villes
principales, Annapolis & Wil-
liamſtadt, où l'on a établi un bureau de douane. Les autres établiſſemens qu'on y voit, méritent
à peine le nom de villages, & même il y a dans la Penſilvanie tel
hameau plus fort que les trois villes du Mariland que je viens de
nommer. Mais on y trouve un
très-grand nombre d'habitations
qui forment comme autant de petites villes.

Le Maryland fut détaché de la Virginie, dont il faisoit partie, à la follicitation de George Calvert Lord Baltimore en 1631. Ce Seigneur qui étoit Catholique avoit quitté l'Angleterre depuis quelques années, & s'étoit retiré à Terre - Neuve pour y pratiquer plus librement la religion qu'il professoit. Espérant mener une vie plus douce à la Virginie, il demanda à Charles I. le pays qui bordoit la partie supérieure de la baye de Chefeapeak où les Anglois n'avoient encore formé aucun établissement. Ce Prince lui en accorda la propriété, & appella cette étendue de pays *Maryland* du nom de la Reine-Henriette-Marie de France, que l'on sait qu'il aimoit tendrement.

Le Lord Baltimore mourut avant que les lettres-patentes portant cette conceffion, fuffent expédiées. Son fils Cécile Calvert, Ba-

ron de Baltimore en Irlande, fui-
vit la même entreprife. Dès l'année 1633, il envoya une Colonie dans fa propriété. Elle étoit
compofée de deux cens perfonnes, la plûpart Catholiques & de
bonne famille. Elle eut le bonheur de trouver une habitation
de Sauvages, que la nation à qui
elle appartenoit venoit d'abandonner. Entrant ainfi dans un pays
tout défriché du moins dans un
efpace fuffifant pour y femer des
grains, les nouveaux Colons fe
procurerent aifément des provifions en abondance qui leur atti-
rerent en peu de tems des compagnons. Les fecours qu'ils reçurent
de la Virginie & de la Nouvelle-
Angleterre faciliterent leur établiffement. En peu de tems cette
Colonie devint nombreufe & flo-
riffante.

La mauvaife politique du Chevalier Berkley, Gouverneur de la

Virginie, qui chaſſa de ſa province tous les Non-conformiſtes, contribua à fortifier les Anglois du Maryland. Le Lord Baltimore profita de la faute de Berkley en homme qui connoiſſoit mieux ſes intérêts. Quoique Catholique, loin de ſe livrer à l'eſprit de perſécution que la religion déſavoue, & qu'on prend trop ſouvent pour le zele qu'elle inſpire, il s'empreſſa de recevoir dans les terres de ſa conceſſion tous les Proteſtans qui ſe préſenterent.

Lorſque la Colonie ſe fut étendue, ce Lord y établit une forme de Gouvernement qu'il modela ſur celui de l'Angleterre. Il inſtitua un Conſeil, dont les membres faiſoient avec lui & quelques-uns des principaux ſous-propriétaires qu'il y invitoit, une eſpece de Chambre des Pairs; & quand le pays fut diviſé en Comtés, il en tira des Députés qui compoſoient

une Chambre-baſſe. Il fut réglé
que le Lord-Propriétaire ou ſon
Lieutenant, auroit ſeul le droit
de convoquer, de proroger ou
de diſſoudre ce Parlement : que
les loix que ce Parlement paſſe-
roit, ſeroient ratifiées par le Sei-
neur-Propriétaire ou ſon Député : que quand le Seigneur-Pro-
priétaire ou ſon Député les auroit approuvées, elles auroient la
même force que les actes du Parlement d'Angleterre : enfin qu'elles ne pourroient être abolies que
par le conſentement du Lord-Propriétaire ou de ſon Député, &
par celui des deux Chambres,
c'eſt-à-dire, du Conſeil & des repréſentans de la Province.

La mort de Charles I. fit perdre au Baron de Baltimore le gouvernement du Mariland. Charles
II. à la *reſtauration* le rétablit dans
ſes droits. Mais la *révolution* ayant
mis Guillaume III. ſur le trône

de la Grande-Bretagne, le Lord
se vit enlever de nouveau la prérogative de commander dans sa
propriété. D'ailleurs on lui conserva les revenus qu'il en tiroit.
A son décès sa famille fut sur le
point d'être privée de cet héritage. La Religion qu'elle professoit l'en excluoit en vertu d'un
acte du Parlement d'Angleterre,
qui déclare les Catholiques inha-
biles à succéder. Dans l'embarras
où la loi jettoit les Baltimores, ils
aimerent mieux embrasser le Pro-
testantisme que de laisser échap-
per une des plus belles possessions
qui appartiennent à un sujet de
la Couronne Britannique. Ils con-
serverent ainsi le Maryland dans
leur maison. Mais la forme du
gouvernement de cette Province
continua sur le même pied où la
révolution l'avoit réduite. C'est
la Cour qui nomme le Gouverneur & les membres du Conseil.

A l'égard de l'assemblée générale, les membres en sont élus par
les habitans des différens Comtés. Le pouvoir législatif appartient au Gouverneur, au Conseil,
& à l'assemblée générale réunis.
Le Gouverneur a la négative sur
toutes les loix que l'assemblée
propose, c'est-à-dire qu'il peut
les rejetter.

Le Maryland a l'avantage de
n'être pas assujetti à faire confirmer en Angleterre les réglemens
que fait son Parlement. Il arrive
de-là que s'il se passe dans cette
Colonie quelque chose de préjudiciable aux intérêts de la Grande-Bretagne, les Commissaires
pour le commerce & les plantations n'en sont pas instruits, ou
en sont instruits trop tard.

Productions naturelles & état du Maryland. Le Maryland pour le climat,
le sol, les productions, le com-
merce, ne diffère point de la Virginie. La façon de vivre des ha-

bitans de ces deux contrées est
aussi la même. Les uns & les autres vivent dispersés dans la campagne au milieu de leurs plantations, & montrent peu de goût
pour se rassembler dans les villes :
ce qui fait que dans ces deux Provinces, il y a fort peu d'habitans
qui s'adonnent uniquement au
commerce. On compte qu'il y a
près de 40,000 ames en Maryland, sans les Negres.

La quantité de bois qui reste
encore dans cette Colonie y nuit
un peu à la pureté de l'air. Cependant il n'y est pas mal sain. Ce pays
produit en abondance les choses
nécessaires à la vie & à la vie déli-
cate. Pour le commerce on y
trouve des arbres propres à fournir des bois de construction, comme le chêne noir, blanc & rouge,
le cédre blanc & rouge. Ce dernier convient pour des poteaux
& des pilotis. L'autre est plus pro-

pre à être fendu & débité en planches. Je passe sous silence beaucoup de plantes & d'arbres de différens genres qui, ne fournissant rien dont on fasse négoce, ne doivent point avoir place ici. J'excepterai seulement l'arbre cirier qui est une espece de mirthe, du fruit duquel on retire de la cire. De cette cire mêlée avec du suif, les habitans font de la bougie. Il en est parlé plus haut, *page 206.*

On s'applique très-peu dans le Maryland aux manufactures. Il n'y en a qu'une de lainerie qui est dans le Comté de Sommerfet. Le tabac est l'unique bien des habitans. Il leur tient lieu de provisions, d'étoffes, de monnoye. Ce n'est pas qu'ils manquent d'especes tant Angloifes qu'Espagnoles, mais ils ne s'en servent que pour les plus petites dépenses. Le tabac est pour eux dans tout le reste un gage d'échange général.

Le tabac du Maryland appellé *Oroonoko* a plus de force que celui de la Virginie. Il est plus brûlant dans la bouche, & les Anglois n'en peuvent souffrir la fumée: mais les nations du nord & de l'est de l'Europe l'aiment beaucoup. On en porte considérablement en Hollande, en Dannemarc, en Suéde, en Allemagne, où il est préféré au tabac doux qu'on récolte en Virginie. Il se vend annuellement 30,000 boucauts de cette seule espece. Le débit favorable qu'elle a rencontré, a tellement encouragé les Marylandois à cultiver le tabac, qu'ils en fournissent autant que les Colons de la Virginie.

Le Maryland tire d'Europe les mêmes marchandises que la Virginie. Quoiqu'il s'y fasse de très-bon cidre qui y sert de boisson ordinaire, on y porte des vins de Madere & de Fayal, du rum de la

Barbade, du malt, de la bierre d'Angleterre, des vins de France, &c. On y trouve des vignes en abondance dans les bois : mais jusqu'ici elles ont été négligées. Les billets de crédit dans cette Province montent à 90,000 livres sterlings (2,070,000 livres tournois). Le change sur la Grande-Bretagne est ordinairement de cent pour cent.

III. Le commerce du Maryland & de la Virginie est un des plus avantageux que les Anglois exercent : il augmente tous les jours. Vers l'année 1736, il occupoit 200 vaisseaux, formant un port de 24,000 tonneaux, & chargés d'environ 50,000 boucauts de tabac qui à deux sols & demi sterlings (cinq sols tournois), en les évaluant sur le pied de six cens livres pesant, composoient une valeur de 375,000 livres sterlings

(8, 525, 000 livres tournois); fi
on leve fur cette fomme celle de
105,000 livres fterlings (2 , 415 ,
000 livres tournois) pour le fret
à 35 fterlings (40 livres 5 fols
tournois) par boucaut & celle de
60,000 livres fterlings (1 , 380 ,
000 livres tournois) pour les frais
de commiffion , & autre menues
dépenfes à 20 fterlings (23 livres
tournois), par boucaut, il refte
210,000 livres fterlings (4 , 830 ,
000 livres tournois) qui étoient
le produit net du tabac importé
alors en Angleterre, & pour lequel les Anglois envoyoient en
retour des marchandifes de toute
efpece jufqu'à la concurrence de
la même valeur; excepté cependant qu'il faut fouftraire des 210,
000 livres fterlings (4 , 830 , 000
livres tournois) la commiffion à
cinq pour cent , ce qui fait un
objet de 11 , 250 livres fterlings
(258 , 650 livres tournois).

Il est à remaquer que l'Auteur qui nous a fourni ce détail a posé ses quantités au-dessous de leur état réel pour ne pas encourir le reproche d'avoir représenté les choses trop avantageusement. L'opinion générale en 1740 étoit qu'il sortoit, année commune, de la baye de Chesapeak plus de 70,000 boucauts de tabac, pesant 800 livres, dont la Grande-Bretagne consommoit 20,000 boucauts. L'on supposoit en 1750 que le débit en étoit encore poussé plus loin, que la Virginie & le Maryland envoyoient en Europe jusqu'à 100,000 boucauts par an, dont l'Angleterre retenoit la moitié pour son propre usage, & que la moitié réexportée enrichissoit annuellement la nation d'une somme de 400,000 livres sterlings (9,200,000 livres tournois).

Cette branche de commerce n'est

n'eſt parvenue à un ſi haut degré d'accroiſſement, que depuis que la liberté du commerce d'Afrique a donné aux Virginiens & aux Marylandois les moyens de ſe fournir de Negres en grand nombre. Elle devroit produire à l'échiquier d'Angleterre par les droits d'entrée annuellement une ſomme d'environ 410, 000 livres ſterlings (9, 430, 000 livres tournois), à n'eſtimer la conſommation qui ſe fait de tabac dans ce Royaume que 20, 000 boucauts: car on ne compte que ſur la conſommation intérieure, attendu que les droits perçus à l'entrée ſont rendus à la ſortie. Voici les baſes de ce calcul.

Le boucaut peſe 800 livres: la livre de tabac paye d'entrée 6 d. ⅓ (12 ſ. 8 d. tournois), ce qui fait par boucaut 21 livres ſterlings 2 ſchellings (environ 485 livres tournois), ſur ce pied 20, 000

Y

boucauts doivent rapporter au tréſor du Roi 410, 000 livres ſterlings (9,430, 000 livres tournois).

Mais le montant des droits n'eſt pas auſſi conſidérable, tant à cauſe des diſcomptes (*a*) que l'on accorde pour prompt payement, qu'à cauſe des fraudes ſans nombre que commettent les marchands des petits ports. Il ne va qu'entre 130 & 150, 000 l. ſterlings (2, 990, 000 & 3, 453, 000 livres tournois) par an.

Les François n'ont point encore partagé avec les Anglois l'avantage qu'il y a de recueillir par ſoi-même une plante devenue néceſſaire, & dont ils font eux-même une ſi grande conſommation, qu'on peut dire qu'ils ont plus

(*a*) On peut prendre 18 mois pour payer les droits à compter du jour de l'enregiſtrement, & on obtient une diminution en payant comptant.

contribué qu'aucune autre nation de l'Europe à mettre la Virginie & le Maryland sur le pied florissant où sont ces deux Colonies. La nation qui consomme est celle qui paye les Colons & les Matelots de celle qui produit. Elle fait plus : elle paye ses lenteurs, ses faux-frais, & jusques à ses négligences & ses lenteurs.

Outre le tabac, ces deux Provinces envoyent encore dans la Grande-Bretagne quelques autres marchandises qui montent à peu près à la valeur de 20,000 livres sterlings. Aucune de ces marchandises, de même que le tabac, ne coûte à la nation Angloise un sol sterling la livre pesant, en comptant les marchandises reçues & données en retour sur le pied du premier coût.

La nécessité où les habitans du Maryland & de la Virginie, en s'appliquant presque uniquement

à la culture du tabac, se sont mis
d'acheter des Anglois leurs étoffes,
leurs toiles, leurs meubles, leurs
ustenciles, en un mot tout ce qui
sert aux usages de la vie, même
les plus communs, entretient ces
deux Colonies dans une espece de
pauvreté. On y jouit à la vérité
de ce qui est nécessaire aux be-
soins essentiels, & même on y a
une grande partie des choses qui
contribuent au plaisir de la table;
mais les autres douceurs de la
vie, les commodités, les agré-
mens qui dépendent du luxe y
manquent presque absolument.
La Nouvelle - Angleterre, la
Nouvelle-York, la Pensilvanie,
sont à cet égard beaucoup mieux
partagées.

Les marchands sont ceux qui
vivent le mieux dans la Virginie
& dans le Maryland. Le défaut
de villes, de marchés publics &
d'especes leur causent cependant

de grands inconvéniens dans l’e-
xercice de leur commerce. Ils ne
peuvent vendre qu’à crédit, parce que comme c’eſt en tabac que
l’on les paye, il faut qu’ils en attendent la récolte. La diſtance
des habitations rend les recou-
vremens difficiles. Ces circonſtances qui rallentiſſent la circu-
lation dans l’intérieur influent ſur
le commerce extérieur. Un vaiſſeau eſt ordinairement trois à
quatre mois, & ſouvent ſix mois
dans le pays à raſſembler une car-
gaiſon qui ne l’y retiendroit pas
quinze jours ſi on emmagaſinoit
le tabac dans des ports marqués.
Un ſi long ſéjour double le prix
du fret.

Ce retardement provient encore de ce qu’en vertu d’un uſage reçu dans le commerce, les
négocians d’Angleterre qui ne
ſont preſque tous que les com-
miſſionnaires des planteurs, ne

leur comptent les frais de la navigation pour Europe : que sur le pied, de 40 fchellings (46 livres tournois) par boucaut de Virginie, & feulement 35 fchellings (40 livres 5 fols tournois) de Maryland : apparemment parce que les chargemens font plus prompts dans cette derniere contrée, ou parce que le tabac qui y croît eft généralement parlant d'un moindre prix que celui de Virginie. Les Planteurs étant fûrs que, foit qu'ils ayent leurs tabacs prêts à être embarqués ou non, on exigera d'eux ni plus ni moins de 35 à 40 fchellins (40 livres 5 fols à 46 livres tournois) ne les tiennent jamais prêts, & attendent que le Capitaine du vaiffeau vienne les folliciter dans leurs plantations pour charger fur fon bâtiment.

De plus, il y a très-peu de Planteurs en état de fournir la cargaifon entiere d'un navire, &

même d'ordinaire ils préferent de charger dans différens bâtimens, non-feulement pour partager le rifque, mais encore afin d'aller fuivant l'ufage s'énivrer avec du punch, fur les navires où ils ont chargé. Auffi les marchands d'Europe qui font le commerce de Virginie & de Maryland perdent-ils fur les frais de la navigation? Aucun d'eux n'y enverroit des navires s'il n'étoit pas néceffaire qu'ils le fiffent pour s'attirer la confignation des tabacs. Car, comme on l'adit, ils ne font que les facteurs du Colon. Lorfqu'ils affretent un navire pour la baye de Chefeapeak, il faut qu'ils commencent par s'engager à payer eux-mêmes fuivant les taux fixés ci-deffus 8 livres fterlings (184 livres tournois) par tonneau pour Virginie, & 7 liv. fterlings (161 livres tournois) pour Maryland. Le tonneau, par une coutume particuliere à ce commerce, est de quatre boucauts ; ils payent en outre les $\frac{2}{3}$ de ce que l'on appelle *frais de port* ou *avaries ordinaires* : ce qui sur un navire de 400 boucauts, monte quelquefois à 40 livres sterlings (920 liv. tournois) ; ils n'en chargent en rien le compte du Planteur. Ils s'engagent encore par la charte partie que le navire sera chargé en trois mois ; & s'il ne l'est pas, qu'ils payeront 2 livres sterlings (46 livres tournois) pour chaque jour de demeurage.

Plus les navires sont grands, plus la navigation revient à bon compte : il n'y avoit cependant en 1739 qu'un seul des négocians qui font le commerce de la Virginie & du Maryland, qui eût un vaisseau de 850 boucauts. La raison qui empêche les autres négocians d'en avoir de pareils, c'est qu'ils n'ont pas assez de crédit parmi

parmi les Planteurs pour y trouver aussi promptement qu'il seroit
nécessaire, le chargement d'un
bâtiment considérable ; & c'est
pour accélérer l'expédition que
les Négocians préferent de faire
naviguer tant en Europe qu'en
Amérique des navires d'une grandeur médiocre. Il est arrivé quelquefois que le grand vaisseau de
850 boucauts dont on a fait ci-
dessus mention, a été obligé d'hi-
verner en Maryland pour y com-
pleter son chargement, & qu'il n'a
de cette maniere fait qu'un seul
voyage en deux ans.

La marine de la Virginie & du
Maryland ne compose pas 1,000
tonneaux, tant en chaloupes
qu'en autres bâtimens, si l'on en
excepte les chaloupes employées
à charger les vaisseaux d'Europe
ou des Colonies qui viennent
commercer dans ces deux provinces.

Z

Dans un tems où, quoique le tabac valût un prix beaucoup plus haut qu'à préfent, l'habitant de la Virginie pouvoit à peine fub-fifter, l'affemblée générale fut obligée de faire une loi pour em-pêcher qu'on n'en plantât une trop grande quantité, afin par-là d'en maintenir le prix.

La détreffe des planteurs pro-venoit de ce que, l'ufage de cette plante n'étant pas fort commun alors, le débit n'en étoit pas grand; & de ce que peu de vaiffeaux ve-nant à la Virginie, & par-là la concurrence entr'eux étant foi-ble, les marchandifes d'Europe y valoient un prix exorbitant. D'ail-leurs comme on ne fe fervoit que de blancs dans ce tems-là pour travailler les terres, les frais de culture montoient haut.

Aucune de ces raifons ne fub-fifte plus. Les Negres introduits en grand nombre dans la Virginie & le Maryland , depuis le commencement de ce fiecle ont mis le planteur en état de recolter une fi prodigieufe quantité de tabac à peu de frais, qu'il peut le donner à très-bas prix. Un-Negre qui fait par an avec fes vivres 1, 600 livres pefant de tabac, & qui même peut en faire 3, 000, comme il y en a des exemples, lorfqu'il n'eft pas détourné par autre chofe, ne coûte d'entretien que 40 liv. tourn.

Mais l'accroiffement de culture, que cette circonftance a occafionné, opere, pour ainfi dire, le même effet que le défaut de confommation en Europe produifoit autrefois : en ce que les récoltes furpaffent fouvent les quantités (toutes confidérables qu'elles font) pour lefquelles il fe trouve des débouchés. Dans le Maryland en 1734 & en 1735 , le gouvernement par cette raifon fit brûler

1)0 livres pesant de tabac par chaque plantation d'une certaine étendue, à l'exemple des Hollandois qui brûlent une partie des épiceries qu'ils apportent des Indes orientales, lorsqu'il leur en reste, après en avoir fourni l'Europe & les autres parties du monde où ils en vendent.

Le tabac brûlé par les Marylandois, a été payé par ceux qui ont consommé celui qu'ils ont vendu. Ne peut-on pas craindre que les Anglois qui sentent si bien qu'ils sont les maîtres de ce commerce, ne prennent des mesures encore plus ruineuses pour les nations qui ont besoin de leur tabac ? Le moyen de les rendre moins hardis, seroit d'entrer en concurrence avec eux pour la culture de cette herbe. Un peuple négociant qui a des rivaux dans son trafic, ne s'avise point de détruire une partie de ses marchan-

dises pour soutenir le prix du reste;
du moins s'il le rentoir, ce ne seroit
pas impunément.

CHAPITRE VIII.

De la CAROLINE & de la NOU-VELLE-GEORGIE. I. Décou-verte de la CAROLINE: établis-sement d'une Colonie dans cette partie de l'Amérique: constitution de cette Province: ses productions naturelles: Commerce & état de la CAROLINE II. Etablissement d'une Colonie dans la GEORGIE: état de cette Colonie: productions naturelles & Commerce de la GEORGIE: constitution de la GEORGIE. III. Observations sur cette Colonie.

LA Caroline, suivant les chartes Angloises, s'étend depuis le 29e degré latitude nord, jusqu'au 36e 20 minutes même latitude. Elle est au sud de la Virginie, qui la termine du côté du septentrion.

La mer Atlantique la borne à l'orient. Au couchant elle a la Louisiane, & au midi la presqu'île de la Floride.

La Caroline que les Espagnols comprenoient dans ce qu'ils appelloient *la Floride*, étoit particulierement nommée *Floride Françoise* avant que les Anglois s'y établissent. Elle comprend la nouvelle Georgie dans ses limites.

I. Quelques Ecrivains Anglois prétendent que Sébastien Cabot découvrit cette partie de l'Amérique sous le regne de Henri VII. vers l'an 1500. Mais leur opinion n'est fondée sur aucun monument historique qui puisse faire foi. Il paroît plus certain d'en rapporter la premiere découverte à Jean Ponce de Léon, Gouverneur de Portoricco, qui y aborda en 1512.

Les Espagnols crurent d'abord

Découverte de Caroline

y trouver des mines d'or & d'argent. Ils y firent diverses expéditions. Leurs espérances à cet égard ne s'étant pas réalisées, ils renoncerent à ce pays. Ferdinand de Soto, un de leurs Capitaines qui y prit terre le jour de Pâques-Fleuries, en 1534 lui donna le nom de Floride à cause de cette circonstance. D'autres prétendent que ce fut Jean Ponce de Leon qui nomma ainsi la contrée, parce qu'elle lui parut couverte de fleurs.

Les François qui virent cette contrée abandonnée, résolurent d'en prendre possession. Ce fut l'Amiral Coligny qui en conçut la premiere idée. Ce Seigneur projettoit de s'y procurer une retraite pour lui & pour ceux de son parti. Il engagea la Cour de France sous le regne de Charles IX. à y envoyer deux vaisseaux de Roi, afin d'y jetter les fondemens d'une

Colonie. M. Jean de Ribaut, na-
tif de Dieppe, en eut le commandement. Il arriva sans accident en
Amérique en 1562, donna des
noms aux rivieres du lieu, & y
bâtit un petit fort qu'il appella
Charles-Fort.

Cela fait, M. de Ribaut songea
à retourner en France pour y chercher un nouveau renfort. Il donna pour Chef à la Colonie un de
ses Capitaines nommé Albert; &
il lui laissa assez de monde pour
tenir les Sauvages en respect. Les
guerres domestiques qui déso-
loient sa patrie, ayant empêché
qu'il ne revînt aussi-tôt qu'il le
comptoit, le défaut de provisions
& la sévérité du Capitaine Albert,
porta les Colons à se mutiner. Ils
tuerent leur Chef, & se mirent en
mer pour revenir en Europe. Peu
s'en fallut qu'ils ne périssent dans
la traversée, tant par le manque
de vivres que par le mauvais état

de leurs bâtimens. On dit même que dans l'extrémité où ils se voyoient réduits, ils convinrent de se dévorer les uns après les autres, en tirant au sort la premiere victime, & qu'ils exécuterent cette affreuse résolution sur un de leurs camarades.

Tandis qu'ils éprouvoient des horreurs si funestes, l'Amiral Coligny, à la faveur de la paix qui se conclut entre les Protestans & les Catholiques, obtint de Charles IX. trois navires bien équipés & bien fournis de tout ce qui étoit nécessaire pour ravitailler Charles-Fort. Il en donna le commandement à René de Laudoniere, Gentilhomme Poictevin.

Les trois navires firent voile du Havre de Grace le 22 d'Avril 1564, & arriverent le 20 Juin de la même année en Floride. Peu de tems après, M. de Ribaut le suivit avec une autre escadre. Les

François commençoient à se flat-
ter de pouvoir établir solidement
leur Colonie, lorsque les Espagnols, jaloux de les voir si près
de la Nouvelle - Espagne, sur-
vinrent avec des forces supérieu-
res dans le dessein de les chasser.
M. de Ribaut & ceux qui l'accompagnoient tomberent sépa-
rément entre leurs mains; & les
Espagnols après en avoir massacré de sang froid le plus grand
nombre, en firent pendre plusieurs.

Laudonniere, de retour en
France, avec le peu de ses compatriotes qui avoient échappé à la
cruauté des usurpateurs, ne trouva pas le ministere disposé à
prendre vengeance de la perfidie
dont ses compagnons avoient été
les victimes. Le brave Domini-
que de Gourgues, Gentilhomme Gascon, indigné de l'affront
fait à sa nation, entreprit d'en

punir les auteurs. Il arma à ses dépens trois vaisseaux, & arriva à la Caroline en 1567 avec 130 hommes. Il força les Espagnols dans trois forts, où, quoiqu'en plus grand nombre, ils s'étoient enfermés, & les passa au fil de l'épée. Content d'avoir accompli son dessein, il revint sans avoir laissé aucun de ses gens dans le pays.

Les Espagnols n'y rentrerent pas. Ensorte que depuis cette expédition la Caroline demeura abandonnée de toutes les nations de l'Europe jusqu'au regne de Charles II. Roi d'Angleterre. Il est vrai que vers l'an 1622, plusieurs familles Angloises, déja fixées en Amérique, craignant de tomber dans les mains des Sauvages qui avoient massacré un grand nombre d'Anglois dans la Virginie & dans la Nouvelle-Angleterre, vinrent à ces côtes,

& s'établirent à l'embouchure de la riviere de May, Mais la Caroline ne commença véritablement à être peuplée qu'en 1664, un an après que Charles II. en eut accordé la propriété à huit Seigneurs de sa Cour.

Les Seigneurs, en faveur de qui cette concession fut faite, étoient Edouard Hyde Comte de Clarendon, alors grand Chancelier d'Angleterre, George Duc d'Albemarle, Guillaume Lord Craven, Jean Lord Berckley, Antoine Lord Ashley, depuis Comte de Shaftsbury, George Carteret, & Jean Collyton, Chevaliers Baronets. Les redevances réservées par Sa Majesté Britannique furent la foi & hommage, comme d'un fief relevant du Château Royal de Greenwich, situé dans le Comté de Kent; la quatrieme partie de tout l'or & l'argent qui seroient trouvés dans l'étendue de la conceſſion, & un cens de vingt marks, payable tous les ans à la fête de tous les Saints. La mark étoit une piece de monnoye anciennement évaluée 30 ſchellings (34 livres 10 ſols tournois) ; elle eſt priſe aujourd'hui pour 13 ſchellings 4 deniers (environ 15 livres tournois).

Charles II. accorda deux chartres aux Propriétaires de la Caroline. Par la premiere, en date du 24 Mars 1663, cette Province ſe trouvoit reſſerrée entre le 31 degré de latitude nord, & le 36 même latitude. La ſeconde donnée deux ans après (le 13e jour de Juin 1665), l'étendit du 29 degré au 36; 20 minutes. Toutes les deux portoient qu'il y regneroit une entière liberté de conſcience. Une clauſe ſi agréable aux Non-conformiſtes favoriſa beaucoup l'établiſſement de la Colonie. Pluſieurs d'entr'eux s'y réfugierent.

Les Propriétaires sentant l'avantage qu'ils pouvoient retirer d'une pareille prérogative, en firent un article particulier des *constitutions fondamentales* qu'ils dresserent en 1669 pour le gouvernement de la Province. En vertu de cet article, non-seulement les Chrétiens de toute communion, mais même les Idolâtres & les Juifs qui se fixent à la Caroline ne peuvent y être inquiétés en aucune maniere sur leur Religion.

Les constitutions fondamentales, dont nous venons de parler, furent dressées par le fameux Locke, à la priere du Comte de Shaftsbury, un des hommes d'Etat les plus célebres de son tems. Elles contenoient 20 articles. Je n'en rapporterai que quelques-uns.

1°. Elles établissoient que le plus âgé des Propriétaires gou-

verneroit la Province avec la
qualité de Palatin durant sa vie,
& qu'après sa mort il seroit rem-
placé par le plus âgé des Proprie-
taires survivans. Ce Palatin avoit
seul la puissance exécutrice dans
le plus grand nombre des cas.
Dans le reste, on avoit conservé
des droits & des prérogatives
aux autres Propriétaires.

2°. Qu'outre la qualité de Palatin, il seroit créé sept autres
grands Officiers; savoir un Amiral, un Receveur général, un
Chancelier, un Connétable, un
Grand-Justicier, un Surinten-
dant, & un Trésorier.

Ces charges ne pouvoient être
remplies que par les Proprietai-
res mêmes qui les devoient tirer
au sort pour la premiere fois. A
la mort de l'un d'entr'eux, le plus
âgé des survivans avoit droit d'occuper la place du défunt, si elle
lui

lui paroissoit plus avantageuse
que la sienne propre.

3°. Que toute la Province seroit divisée en Comtés : chaque
Comté devant comprendre huit
Seigneuries, huit Baronies, & quatre Jurisdictions, chacune composée de six villages.

4°. Qu'il seroit créé dans chaque Comté un Landgrave &
deux Cassiques, qui par leur di-
gnité auroient droit de séance
dans l'assemblée générale de la
Colonie.

5°. Qu'il seroit institué huit
Cours suprêmes de Judicature,
dont la premiere s'appelleroit *la
Cour du Palatin*, & seroit composée
du Palatin & des Seigneurs Propriétaires ; & les sept autres por-
teroient chacune le nom de celui
des sept grands Officiers qui les
présideroient.

6°. Qu'il seroit élu un Parlement ou assemblée générale,

compofée des Seigneurs Propriétaires ou de leurs députés , des
Landgraves , des Caffiques , &
d'un des poffeffeurs d'un héritage
libre de chaque Jurifdiction : tous
ces membres devant former une
feule chambre , & avoir chacun
une voix.

7°. Que ce Parlement s'affem-
bleroit au moins une fois en deux
ans , foit qu'il fût convoqué ou
non.

La foibleffe de la Colonie dans
fa naiffance ne permettant pas
d'obferver ces conftitutions qui
étoient combinées pour lui fervir
lorfqu'elle feroit parvenue à un
certain accroiffement , on établit en 1671 des loix provifoires.
Ces loix fixerent la forme du gouvernement. Elles donnerent l'ad-
miniftration des affaires publiques au Gouverneur nommé par
le Palatin, & à un Confeil compofé de fept Députés des autres

Seigneurs Propriétaires, de sept
Gentilhommes choisis par le Parlement, de sept des plus anciens
Landgraves ou Cassiques, de l'Amiral, du Receveur, du Chancelier, du grand Juge, du Secrétaire, de l'Arpenteur, du Trésorier, du grand Sénéchal, du
grand Connétable, du Garde des
Regiſtres où s'inscrivent les naiſſances, les morts, les mariages ;
du Greffier, du Maréchal de l'Amirauté.

A l'exception des sept Gentilhommes choisis par le Parlement,
les autres membres étoient nommés par les Propriétaires. Six
Conseillers, du nombre deſquels
il étoit néceſſaire que trois au
moins fuſſent députés des Propriétaires, formoient le *quorùm*
de ce Conseil. Comme les Colons
n'étoient pas aſſez nombreux
pour fournir un Parlement tel
que le prescrivoient les conſtitu-

tions, il fut ordonné que l'autorité légiſlative réſideroit dans le Gouverneur, les ſept Députés, les Propriétaires, & les Repréſentans élus par les habitans au nombres de vingt, & que l'on augmenteroit ce nombre à meſure que la Province ſe peupleroit.

Les noms de Palatin, de Landgrave, de Caſſique, donnés aux Principaux d'une Colonie Angloiſe, ont droit de ſurprendre le Lecteur. Les légiſlateurs qui les imaginerent ne le firent que pour obéir à une clauſe de la charte qui en inveſtiſſant les Propriétaires du pouvoir de conférer la Nobleſſe & des dignités, ne leur accordoit pas la liberté de donner les mêmes titres qui ſont en uſage en Angleterre.

La forme de gouvernement établie en 1671, laiſſoit peu de liberté au peuple, & le mettoit en quelque ſorte à la diſcrétion du Palatin , qui par l'autorité qu'elle lui donnoit , étoit , pour ainsi dire un Monarque absolu. Le vice d'une semblable constitution ne tarda pas à se manifester. Le Palatin qu'aucune barriere n'arrêtoit se conduisit arbitrairement sans égard pour les priviléges des habitans. De-là naquit dans la Colonie une agitation continuelle qui nuisit à ses progrès. D'un côté les Seigneurs - Propriétaires tendoient de toute leur force au despotisme. De l'autre les Colons éclairés sur leurs droits mettoient tout en œuvre pour éviter la servitude.

En 1689 , les constitutions fondamentales furent mises en vigueur selon leur premiere teneur, à quelque changement près, concernant l'assemblée générale que l'on sépara en deux chambres , l'une haute , & l'autre basse. Mais ceux qui présidoient à l'adminis-

tration des affaires, étoient tellement imbus de principes tiranni-
ques, que leurs procédés n'en devinrent pas plus modérés, quoiqu'ils dussent s'attendre à trouver
dorefnavant plus d'obstacles à
leurs desseins qu'ils n'en avoient
encore rencontrés.

Le Lord Granville, un des derniers Palatins porta les chofes
à un excès qui força en 1705 les
habitans de la Caroline de s'a-
drefler à la Chambre des Pairs en
Angleterre. Ce Seigneur avoit
entrepris de porter atteinte à la
liberté de confcience que la charte de Charles II. autorifoit dans
la Caroline : liberté fondée d'ailleurs fur la raifon & fur les loix
de la Religion même. Il avoit fait
paffer deux actes tendans à ce
but. L'un intitulé : Acte pour
l'établiffement du culte religieux,
fuivant les rites de l'Eglife Anglicane : *An act for the eftablishing*

Religious worship according to the church of England, &c. Et l'autre: Acte pour prévenir toute altération dans la forme de gouvernement, en exigeant de tous ceux qui feront élus membres de la Chambre Baffe qu'ils faffent le ferment, & qu'ils fignent la formule mentionnéedans ledit acte, & en les obligeant à fe conformer au culte religieux établi dans la Province, &c. *An act for the more effectual prefervation of the gouvernement by requiring all perfons that shall hereafter be chofen members of the common-houfe of affembly and fit in the fame, to take the oaths and fubfcribe the declaration appointed by this act, aud to conform to the Religious worship in this Province according to the rites and ufage of the faid church.* En vain les Non-conformiftes qui faifoient les deux tiers des habitans de la Caroline, en vain les plus raifonnables des

Colons parmi ceux de la communion Anglicane firent-ils à ce sujet au Palatin les remontrances les plus solides. On ne put le fléchir.

Malgré les efforts que fit le Lord Granville pour justifier sa conduite, la Chambre des Pairs reçut la Requête des habitans de cette Colonie ; & après avoir mûrement examiné la matiere, elle présenta une adresse à la Reine Anne, dans laquelle elle déclara que ces deux actes ; le premier, en tant qu'il portoit l'établissement d'une commission pour déplacer les Recteurs & les Ministres Non-conformistes ; le second dans tout son contenu étoient contraires à la liberté légitime des sujets, répugnoient aux loix du Royaume & aux notions d'un entendement sain, & causeroient la dépopulation de la Province, par conséquent sa ruine. La Reine ne prit l'avis du Committé de commerce , & fur fon rapport caffa les deux actes en 1706.

Peu s'en fallut que par rapport à cette affaire, les Propriétaires ne perdiffent leur charte: mais ils trouverent moyen de la conferver. Ce ne fut que plufieurs années après, en 1720, qu'à l'occafion d'une guerre que les Caroliniens eurent à foutenir contre les Sauvages , on la leur enleva, c'eft - à - dire qu'on les engagea à la rendre fur le refus qu'ils firent d'entrer dans les frais de cette guerre. Ils obtinrent une indemnité de 17, 500 livres fterlings (402 , 500 livres tournois) qui leur fut payée , lorfqu'en 1729 le Parlement d'Angleterre eut confirmé cet arrangement par un acte particulier.

Le Lord Carteret , un des Seigneurs-Propriétaires , obtint de la Cour & du Parlement la conservation de son huitieme dans la propriété de cette Province. L'acte qui a rapport à la reddition de la charte contient à cet égard une clause expresse conçue en ces termes : *Having and reserving alvvays to the said John Lord Carteret, his heirs, executors administrators, and Algssins all such estate, right, title, &c. to one eight part of the share of the said Province or territories and to one eight part of all arrears of quit-rents, &c.* Cette circonstance n'empêche pas que la Colonie ne soit à présent toute entiere sous le gouvernement immédiat du Roi.

Productions naturelles.

La Caroline jouit d'un air sain & d'un sol très-fertile. Elle fournit à ses habitans des provisions de toute espece, qui font la matiere principale du commerce qu'ils font en Amérique & en Europe. Leur plus sûr débouché est la Jamaïque, la Barbade, & les isles du Vent. Ils envoyent dans les marchés de ces lieux du bœuf, du porc, des grains, des pois, du beurre, du suif, des cuirs verds, du cuir tanné, des futailles, des douves, des cerceaux, du cotton, de la bougie, du bardeau.

Les plantes, les arbres qui se voyent en Europe & dans les autres contrées de l'Amérique croissent sans peine dans la Caroline. Le froment cependant n'y réussit pas bien : mais le ris y vient le plus beau du monde. Ce pays fournit en quantité de la poix, du gaudron, de la térébenthine, des cuirs, des chairs salées, des bois de charpente, des mâtures, &c. On a vû ci-dessus qu'on en tiroit aussi des fourrures, mais elles ne valent pas celles qui viennent des Colonies plus septentrionales.

On trouve dans la Caroline une prodigieuse quantité de miel. Les Colons en composent des li-

queurs fortes , & un hydromel
dont le goût reſſemble à celui du
vin de Malaga. Il y a auſſi entr'autres ſingularités un arbre
qui diſtille un baume qu'on ne juge point inférieur au baume de la
Meque.

On y voit ſur les côteaux qui
s'élevent au bord de la mer une
grande quantité de vignes. Les
Anglois ſe flattent de parvenir à
en faire des vins qui les affranchi-
ront de la dépendance où ils ſont
pour cette boiſſon de la France,
de l'Eſpagne , & du Portugal.
Néanmoins ils n'ont pas encore
tiré de ces vignes , ni d'aucunes
qui croiſſent dans leurs poſſeſſions
en Amérique l'avantage qu'ils en
eſperent.

Quelques familles s'y ſont ad-
données à élever des vers à ſoye.
Les profits qui ont été faits dans
cette partie de l'œconomie rura-

le n'ont pas jusqu'ici invité le plus grand nombre à les imiter. Il y en a pourtant qui ont eu jusqu'à 40 & 50 livres sterlings (920 & 1,150 livres tournois) de la récolte de leurs soyes, sans que leurs autres travaux en ayent souffert, parce qu'on occupe au gouvernement des vers les Négrillons & Négrites qui seroient incapables de faire rien de plus profitable. Cette soye s'employe dans le pays mêlée avec de la laine. On en fait des droguets. Outre cette manufacture, les habitans de la Caroline ont une fabrique de toiles que les Protestans François qui s'y sont réfugiés y ont portée.

On seme le maïs dans cette contrée du premier de Mars au dix de Juin. Un âcre en produit 18 à 30 boisseaux. Le tems de la semaille du ris commence au premier Avril, & dure jusqu'au 20

Mai. Un peck (*a*) suffit ordinairement pour ensemencer un âcre. Il rapporte rarement moins de 30 boisseaux ou plus de 60. On en fait la moisson en Septembre, & quelquefois au commencement d'Octobre.

Quelques Auteurs prétendent que l'on y trouve communément l'insecte appellé *cochenille*, qui est propre pour la teinture écarlate, & que si on prenoit soin de le rassembler, on en amasseroit de grandes quantités. On dit aussi que le terroir y est très-favorable pour l'indigo.

Commerce & état de la Caroline.

On divise la Caroline en septentrionale & en méridionale. Ces deux portions forment chacune un gouvernement particulier. La méridionale contient quatre Comtés : la septentrionale n'en a

______

(*a*) Le peck est la quatrieme partie d'un boisseau.

que deux. Celle-ci eſt très- infé-
rieure à l'autre. Elle fait peu de
négoce. On y recueille du tabac,
dont la principale partie eſt envoyée dans la Virginie , où il eſt
embarqué pour l'Europe.

Les nouveaux Anglois viennent enlever dans cette contrée
du gaudron , de la poix , de la térébenthine , du porc ſalé , des
peaux, un peu de tabac , & quelquefois du bled d'Inde : ils conſomment une partie de ces denrées : ils exportent le reſte en partie à la Vieille - Angleterre , en
partie aux îles à Sucre.

Les habitans de la Caroline
ſeptentrionale ſont en petit nombre , & preſque tous plus pauvres
que ceux de la Virginie. Il n'y a
point de Miniſtres dans cette partie de la Province. Les mariages
s'y célebrent devant les Juges de
Paix , & ce ſont d'autres Officiers
civils qui préſident aux funérail-
les. B b iiij

La Caroline méridionale eſt ſur un meilleur pied. On peut dire même que c'eſt une des plus floriſſantes Colonies des Anglois en Amérique. Charles - Town, capitale de la Province , exerce un trafic très - avantageux avec les Sauvages à plus de 1,000 milles dans les terres. Elle reçoit d'eux les pelleteries qu'elle envoye en Europe , & leur donne en échange du plomb , de la poudre à tirer , de groſſes draperies , du vermillon , du fer , des liqueurs fortes , & autres marchandiſes de peu de prix. Cette ville contient environ trois mille ames. Elle eſt bâtie ſur une langue de terre que deux rivieres arroſent , l'Ashley & le Cooper. Son commerce maritime n'eſt pas auſſi étendu qu'il pourroit l'être. L'obſtacle vient d'une barre qui bouche l'entrée de l'Ashley , & qui empêche les vaiſſeaux au-deſſus de 200 tonneaux de remonter cette riviere. Il y a dans Charles-Town une bibliothéque publique.

On estimoit généralement en 1740 que le ris de la Caroline qui se débitoit en Europe faisoit entrer annuellement dans la Grande-Bretagne 80,000 livres sterlings (1,840,000 livres tournois). Dans cette somme étoient compris les frais de fret & de commission : article d'un grand poids dans la balance du commerce de l'Angleterre. Ce calcul portoit sur la supposition que quand l'année étoit bonne on recueilloit jusqu'à 80,000 bariques de ris dans cette Province, chaque barique pesant quatre cens livres; & qu'en prenant une mesure moyenne depuis sept ans, on pouvoit établir les récoltes sur le pied de 50,000 bariques, dont le débit se faisoit annuellement dans la proportion ci-dessous.

Au fud du cap Finif-
    terre . . . . 10,000 *bariq.*
Au nord du même
    cap 38,000
Dans la Grande-
    Bretagne . . . 2,000
           ———————
    Total . . . 50,000

Cette quantité, difoit-on, dans le même tems employoit une marine d'environ 10,000 tonneaux & 900 mariniers. En 1739 le ris de la Caroline valoit fix fchellings (près de fept livres tournois) le cent, premier coût dans cette Colonie même. Avec les frais de fret, charges, &c. & l'acquittement des droits, il revenoit en Angleterre à 21 fchellings (24 livres tournois); à la réexportation on accordoit un *draw-back* de 4 fchellings 5 d. (environ 5 livres tournois) (*a*). De

(*a*) Le *draw-back* eft une remife faite à la

l'Angleterre en Hollande, ou à Hambourg, le prix du fret & de la commission étoit d'un schelling deux deniers (27 fols tournois).

C'eſt le Portugal, la Hollande, l'Allemagne, & les pays du nord qui conſomment preſque tout ce ris. L'Eſpagne & la France en tirent fort peu. Le commerce que la Caroline fait de cette denrée s'accroît chaque année, & toutes les autres branches de ſon négoce ſe ſont ſi conſidérablement étendues, qu'aujourd'hui toutes enſemble, elles employent plus de deux cens voiles. L'état ſuivant de ces exportations montre les progreſſions de leur accroiſſement.

réexportation d'une marchandiſe, des droits, ou d'une partie des droits dûs à ſon importation.

ETAT des exportations de la Caroline en ris, poix, gaudron, térébenthine, & peaux, dans l'espace de douze ans, à compter du mois de Novembre 1724, jusqu'au même mois 1736.

Du mois de Novembre 1724, au même mois 1725.

Ris,	17734 *bariq.*
Poix,	57422
Gaudron,	2333
Térébenthine,	113
Peaux,	139 *caiss.*

De 1725 à 1726.

Ris	23031 *bariq.*
Poix,	29776
Gaudron,	8322
Térébenthine,	715
Peaux,	162 *caiss.*

De 1726 à 1727.

Ris,	26884 *bariq.*
Poix,	13654
Gaudron,	10950

Térébenthine,	1252
Peaux 10 bariques & 115 caisses.	

De 1727 à 1728.

Ris,	29905 *bariq.*
Poix,	3186
Gaudron,	2269
Térébenthine,	1232
Peaux, 29 bariques 105 caisses.	

De 1728 à 1729.

Ris,	32384 *bariq.*
Poix,	8375
Gaudron,	3441
Térébenthine,	1913
Peaux, 6 bariques 119 caisses.	

De 1729 à 1730.

Ris, 41722 *bariq.*
Poix, 10825
Gaudron, 2014
Térébenthine, 1073
Peaux, 9 bariq. 126
  caisses.

De 1730 à 1731.

Ris, 39487 *bariq.*
Poix, 9385
Gaudron, 1725
Térébenthine, 1560
Peaux, 185 *caiss.*

De 1731 à 1732.

Ris, 37068 *bariq.*
Poix, 32593
Gaudron, 4575
Térébenthine, 2466
Peaux, 240 bariq.
  40 caisses.

De 1732 à 1733.

Ris, 50726 *bariq.*
Poix, 18283
Gaudron, 6027
Térébenthine, 2313

Peaux, 385 bariq.
  29 caisses.

De 1733 à 1734.

Ris, 30323 *bariq.*
Poix, 28874
Gaudron, 7336
Térébenthine, 4552
Peaux, 312 bariq.
  20 caisses.

De 1734 à 1735.

Ris, 45317 *bariq.*
  & 1038 *sacs.*
Poix, 24056
Gaudron, 5636
Térébenthine, 8061
Résine, 114
Peaux, 359 bariq.
  11 caisses.

De 1735 à 1736.

Ris, 52349 *bariq.*
Poix, 11836
Gaudron, 1491
Térébenthine, 5192
Peaux, 451 bariq.
  24 caisses.

A l'état ci-dessus je joindrai celui des vaisseaux qui sont sortis de Charles-Town pendant le même espace de tems, chargés des marchandises du pays.

ETAT des vaisseaux qui sont sortis de Charles-Town, chargés des marchandises du pays, de l'année 1724 à l'année 1736.

De	1724	à	1725	115 *vaisseaux,*
De	1725	à	1726	131
De	1726	à	1727	138
De	1727	à	1728	126
De	1728	à	1729	157
De	1729	à	1730	186
De	1730	à	1731	184
De	1731	à	1732	177
De	1732	à	1733	211
De	1733	à	1734	215
De	1734	à	1735	253
De	1735	à	1736	217

Outre les denrées spécifiées dans le premier de ces deux états, il sort tous les ans de Charles-

Town en très-grande quantité du maïs, des pois, des cuirs-tannés, des feves, du bœuf, du porc & d'autres chairs salées, des planches, du bois de charpente, &c.

L'Angleterre envoie annuellement à la Caroline environ 40 vaisseaux chargés de laineries de toute espece, de toiles pour faire du linge, de toiles peintes, de toiles de coton, de mousselines, d'étoffes de soie, d'ustenciles de fer de toutes sortes, de cloux, de bierre-double, de cidre, de raisins-secs, de poterie de terre, de tuyaux, de papier, de couvertures, de matelas, de chapeaux, de bas, de gands, de vaisselle d'étain, de dinanderie, de poudre à tirer, de balles, de pierres-à-fusil, de rassade, de cordages, de pierres à remoudre, de miroirs, de verres, de dentelle, de fil, de toute sorte de menue mercerie, d'aiguilles, d'épingles, &c.

Ils rapportent en retour des peaux de daim, du ris, & d'autres marchandises. Outre ces quarante vaisseaux qui viennent d'Angleterre à Charles-Town, il entre annuellement dans le port de cette ville près de deux cens vaisseaux, tant d'Europe & d'Afrique que d'Amérique. Voici une liste des bâtimens venans d'ailleurs que d'Angleterre, qui ont mouillé dans le port de Charles-Town en 1736.

LISTE des Bâtimens venant d'ailleurs que d'Angleterre, qui ont mouillé dans le Port de Charles-Town en 1736.

D'Afrique,	12	De la Barbade,	17
D'Antigoa,	12	De Cowes,	2
D'Augustine,	15	De Cadix,	1
D'Anguilla,	2	De Curassau,	2
D'Anibon,	1	De S. Eustache,	1
Des Bermudes,	3	De Géorgie,	9
De Baston,	19	De S. Domingue,	1

D'Hampshire,

D'Hampshire dans la Nouvelle-Angleterre,	3	De Felmouth,	1
De la Jamaïque,	4	De Gibraltar,	3
De Lisbonne,	1	De la baye des Honduras,	2
De la Mobille,	2	D'Irlande,	4
De la Caroline fept.	4	De l'Ifle de Man,	2
De la Nouvelle-Providence,	26	De Mont-Serrat,	1
De Port-Royal,	1	De Madere,	4
De Topsham,	2	De la Nouvelle-York,	10
De Virginie,	1	De Philadelphie,	17
De Campêche,	1	De Rhode-Ifland,	5
Du Cap Catoche,	1	De Ténérisfe,	1
De S. Chriftophle,	1	De Winyards,	1
		TOTAL...	187

En 1723, tems auquel il y avoit dans la Caroline environ 14,000 Blancs & 32,000 Efclaves, les importations de cette Province montoient à 120,000 livres fterlings (2,760,000 livres tourn.) premier coût; fes exportations en Angleterre étoient évaluées à 200,000 livres fterlings (4,600,000 livres tournois). La balance

Cc

du commerce étoit pour lors
ainſi :

Exportations annuelles
de la Caroline en Angleterre en productions naturelles,
. . . . . . 200,000 l. ſt.

En eſpeces (en
comptant ſur 60
vaiſſeaux pour
le tranſport des
marchandiſes, &
en poſant pour
chaque vaiſſeau
ſeulement 20 liv.
ſterlings) . . . 1,200

201,200 L. ſt.

Exportations annuelles d'Angleterre à la Caroline en marchandiſes . . . 100,000 l. ſt.
Frais du tranſ-
port de ces mar-
diſes 21,000

121,000

Les Anglois payant la valeur
de 200,000 livres ſterlings im-
portées de la Caroline en Angleterre avec celle de 121,000. ils
gagnoient 79,000 livres ſterlings
(1,877,000 livres tournois).

Cette Province importoit outre cela dans le même tems pour
environ 20, 000 livres sterlings
(460, 000 livres tournois) de
denrées différentes, tant des Indes occidentales, que des autres
Colonies Angloises du continent.

Aujourd'hui que la Caroline
renferme environ 40,000 Noirs
& 24,000 Blans, & qu'elle charge de ses productions plus de deux
cens voiles, on peut juger com-
bien le commerce que l'Angleterre exerce aujourd'hui avec elle, est plus considérable qu'il n'é-
toit en 1723.

Les habitans de la Caroline tirent de la Jamaïque, de l'île S.
Thomas, de Curassau, de la Barbade, & des îles du Vent, du sucre, du rum, de la mélasse, du
coton, du chocolat, des Negres
& de l'argent. Les marchands de
la Nouvelle-Angleterre, de la
Nouvelle-York, de la Pensilva-

nie, leur fourniſſent du froment, de la farine, du biſcuit, de la bierre-forte, de la ſaline, des oignons, des pommes, du houblon; & prennent en échange des cuirs verds, des peaux de daims, des gans, du ris, des eſclaves qui ſont des Sauvages pris en guerre, du gaudron, de la poix.

Les Caroliniens vont chercher des vins à Madere & dans les autres îles de l'Océan occidental. Ils envoyent dans ces différens marchés des proviſions de bouche, du mairrain, &c.

En 1710 les différentes claſſes des habitans de la Caroline étoient dans le rapport ſuivant:

RAPPORT des Habitans de la Caroline.

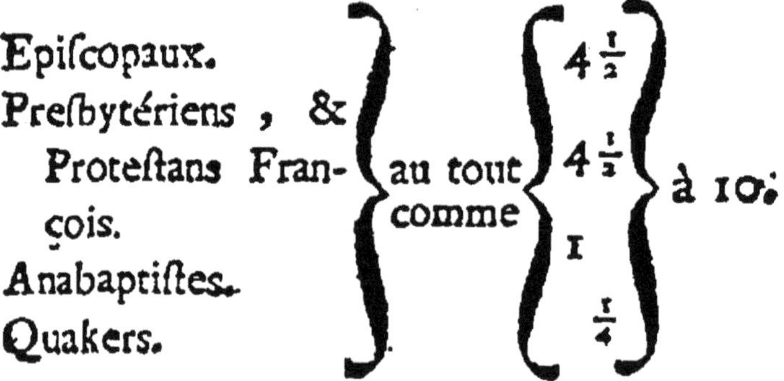

ET à l'égard des différentes Sectes parmi les Blancs.

La main-d'œuvre est extrêmement chere dans cette Province. On n'y est pas étonné d'entendre

un habile charpentier demander
20 à 30 fchellings monnoye du
pays par journée, outre la nourriture. Les falaires ordinaires d'un
ouvrier y font de douze à quinze
fheilings par jour.

Indépendamment de la mon-
noye de papier qui va pour la Caroline méridionale à 250,000 livres fterlings, (5,750,000 livres tournois) & pour la Caroline feptentrionale à 52,000 livres
fterlings, (1,196,000 livres
tournois), les efpeces frappées au
coin de France & d'Efpagne, ont
cours dans ces deux Colonies, ainfi que les rixdalles & les pieces de
huit. On y voit fort peu d'efpeces
Angloifes. Le change fur la Grande-Bretagne étoit au mois de Février 1739 dans la Caroline feptentrionale à 900 pour cent, &
dans la méridionale à 700 pour
cent. Le ris fert dans cette derniere Colonie de gage d'échan-

ge général. On fait des marchés
payables en ris. La Caroline doit
cette production au hazard. Un
vaisseau qui revenoit des Indes
orientales fit naufrage sur ses côtes. Il étoit chargé de ris qu'on ré-
pandit sur terre, & qui y vint très-
bien. Depuis les Colons ont fait
de la culture de cette plante l'objet principal de leur occupation.

Des Suisses au nombre d'environ 100 conduits par M. Purry,
se sont établis dans la Caroline en
1730, & y ont bâti Purrisbourg.
Quelques Vaudois chassés de leur
pays par un Edit du Roi de Sar-
daigne publié au mois de Juin
1730, se sont joints à eux.

II. La Nouvelle - Georgie est
enclavée dans la Caroline. Elle
s'étend du trentieme degré 30
minutes latitude septentrionale,
au trente-deuxieme, entre la ri-

Etablisse-
ment d'u-
ne Colonie
dans la
Nouvelle-
Georgie.

viere de Savanah au nord & celle d'Alatamaha au fud.

Le pays qu'elle embraſſe a fait partie de la Caroline méridionale juſqu'en 1732, que quelques perſonnes de conſidération conçurent le deſſein de former un établiſſement dans cette contrée. Elles avoient en vûe de procurer aux pauvres de la Grande-Bretagne les moyens de ſubſiſter, & même de ſe rendre utiles à la nation, au lieu de lui être onéreux.

La charité d'un particulier donna lieu à cette entrepriſe. Il légua une ſomme aſſez conſidérable pour être employée à la délivrance des débiteurs inſolvables détenus en priſon par leurs créanciers, & nomma M. James Oglethorpe, membre du Parlement, avec une autre perſonne pour en diſpoſer ſuivant cette intention.

M.

M. Oglethorpe paſſoit pour un homme actif, amoureux de gloire & entreprenant : il s'étoit diſtingué en faveur des priſonniers pour dettes dans les débats qui s'étoient élevés dans la chambre des Communes à leur occaſion. Il répondit au choix qu'on avoit fait de lui. Ce legs lui ſembla pouvoir devenir le fondement d'un projet, dont l'utilité s'étendroit ſur un grand nombre de malheureux. Il ſe flata même que ſi le produit de cette donation groſſi par les fonds que l'on pourroit tirer de la libéralité des perſonnes charitables, étoit appliqué à fonder une Colonie dans les parties les plus méridionales de la Caroline qui étoient encore déſertes, on parviendroit aiſément à s'emparer de la Floride Eſpagnole, à troubler infiniment dans les ſuites les François de la Louiſiane, & peut-être à les en chaſſer. Rempli de ces vûes, il embraſſa avec ardeur l'occaſion de s'acquérir de la conſidération, en rendant un ſervice ſignalé à ſa patrie.

Ne manquant point d'habileté pour faire goûter ſes idées, il ſut engager dans ſon projet pluſieurs membres du Parlement qui avoient du crédit en Cour. Ces dignes patriotes obtinrent facilement du Roi ſon agrément pour la fondation de la Colonie qu'ils méditoient. Ce Prince détacha en leur faveur une partie de la Caroline, érigea ce canton en une Province particuliere ſous le nom de Georgie, & leur en donna en propriété les ſept huitiemes dont il étoit le maître. L'autre huitieme appartenoit au Lord Carteret. De plus le Roi les réunit en corporation par une charte, ſous le nom de *Commiſſaires pour l'établiſſement de la Colonie de la Georgie en Amérique.*

Avec la propriété des sept-huitiemes de ce canton, la charte leur abandonne la pêche de toutes fortes de poiſſons, même des poiſſons royaux, comme baleines, eſturgeons : enſemble les mines d'or & d'argent, les perles, les pierres précieuſes, & les minieres de toutes autres fortes de métaux & mineraux, à la charge ſeulement de relever du Château-Royal de Hampton-court dans le Comté de Middleſex en Angleterre, & de payer annuellement une redevance de 4 shellings (4 liv. 12 ſols tournois) par chaque centaine d'acres des terres de cette conceſſion, dix ans après qu'elles auroient été miſes en valeur.

Le Lord Carteret ſe fit un honneur de contribuer à la réuſſite du projet charitable des Commiſſaires, en leur cédant ſes droits ſur la partie des terres qui lui appartenoient dans l'étendue de leur conceſſion.

On fit une eſpece de quête dans toute l'Angleterre en faveur de l'entrepriſe. La collecte fut conſidérable. Le Parlement y joignit 10, 000 livres ſterlings (230, 000 liv. tournois). Ces fonds mirent les Commiſſaires en état d'acheter les proviſions & l'attirail néceſſaires pour l'exécution de leur plan.

Le ſix Novembre ils firent embarquer à Graveſend cent perſonnes ſur le vaiſſeau l'*Anne*, du port de deux cens tonneaux : & le 15 M. James Oglethorpe s'embarqua auſſi ſur le même vaiſſeau pour conduire en perſonne les premiers travaux de la Colonie. Il arriva à la Caroline le 15 du mois de Janvier 1733.

Les ſecours qu'il reçut des habitans de cette Province favoriſerent ſon entrepriſe. Après avoir fait alliance avec les Sauvages du pays, il jetta les fondemens d'u-ne ville fur les bords de la Savan-nah, & lui donna le nom de cette riviere.

Au mois de Mai un autre vaif-feau arriva d'Angleterre à la Georgie avec de nouveaux-Co-lons, & des provifions fraiches. Peu de tems après, les Commif-faires envoyerent encore cinquan-te familles. Ces différens embar-quemens conduifirent dans la Co-lonie environ 500 perfonnes, parmi lefquelles il y avoit 115 é-trangers.

Outre ce nombre, dont le paf-fage fut payé par la corpora-tion, il y eut environ 21 Maîtres avec 116 valets, qui fe tranfpor-terent en Georgie à leurs dépens. Ainfi dans la premiere année 618 perfonnes s'embarquerent pour cette Province, parmi lefquelles on comptoit 320 hommes, 113

femmes, 102 garçons & 83 filles.

En 1735, des Montagnards
d'Ecosse au nombre de 150 vinrent augmenter cette Colonie
naissante. Ce sont eux qui occupent la Nouvelle-Inverness située
sur la riviere Alatamaha. M.
Oglethorpe qui y avoit conduit
la premiere peuplade, & qui étoit
repassé en Angleterre avec To-
mochichi, Chef de la nation Sauvage, avec laquelle il avoit con-
tracté alliance, revint cette même
me année dans la Georgie, &
amena avec lui trois cens personnes.

Il est à remarquer que ce To-
mochichi qu'on fit beaucoup valoir en Angleterre, & que sur le
rapport d'un grand nombre d'auteurs Anglois, on représente ici
comme le Chef d'une nation, n'é-
toit, selon quelques-uns, que le
Capitaine d'environ trente-huit

bandits, bannis depuis peu par leur propre nation, laquelle habitoit dans l'intérieur des terres fort loin de la mer; & que ces malheureux, dans l'embarras où ils étoient pour se procurer leur subsistance, eurent recours à M. Oglethorpe, qui leur fit donner plusieurs fois des vivres.

Le zele aveugle de l'Evêque de Saltzbourg l'ayant porté à chasser les Protestans de ses Etats, les Anglois les inviterent à passer dans leur nouvel établissement. Plusieurs familles accepterent leur proposition. Ce sont elles qui ont fondé le Vieil & le Nouvel-Ebenezer. C'est ainsi que l'Angleterre & ses Colonies deviennent le pays de toutes les nations, & que le peuple Anglois se fortifie de ce que les autres perdent.

En 1737 il y avoit cinq villes & quelques villages dans cette Province, outre diverses habita-

Etat de la Colonie.

D d iiij

tions répandues dans la campagne. Savannah la capitale, contenoit alors environ 140 maifons,
fans compter les magafins ni les
bicoques.

Après Savannah, Augufta eft
la place la plus forte. Ceux qui
demeurent dans ce lieu, commercent avec les Sauvages. Le trafic
qu'ils font, eft tel que dans le
cours de l'année 1738, ils envoyerent 100, 000 liv. pefant de
cuirs-verds à Savannah. En 1739
on y comptoit 600 habitans occupés à ce négoce, indépendamment des planteurs.

On partage la Georgie en deux
divifions. La feptentrionale comprend :

Savannah.
New - Ebene- } vil-   Old Ebenezer. }
zer.   les.   Hampftead.   } villa-
Augufta.   High- Gate.   } ges.
                     Abercorn.   }
                     Skindwe.   }

La méridionale eft moins peuplée, on n'y trouve que deux villes & un village.

Frederica.
New - Inver- } villes.   Barikmake. } village.
neff.

Il y a de plus trois forts, le fort Argyle, le fort Saint-Andrew, le fort Saint-Auguftin. En 1741 on eftimoit qu'il n'y avoit que mille ames dans la Georgie.

Il s'en faut beaucoup que les progrès de cette Colonie répondent à l'argent que la nation Angloife a dépenfé pour elle. Les différentes quêtes que l'on a faites en fa faveur dans la Grande-Bretagne & dans l'Amérique Angloife, ont produit de très-grandes fommes; & indépendamment de defes collectes, le Parlement en 1738, avoit déja accordé pour la foutenir 66,000 livres fterlings (1,518,000 livres tournois) par les 6, 8, 9 & 10 S. George II.

On dit que le sol est médiocre dans la Georgie. Elle fournit cependant du ris, de la poix , du gaudron , du chanvre , du lin , de la cire végétée, de la cire ordinaire. On y fait de la potashe. Plusieurs vaißeaux trouvent tous les ans dans cette Colonie une aßez grande quantité de ces diverses marchandises pour en faire leur charge.

Il y croît des arbres de la plus belle hauteur, très-propres pour les mâtures & pour toute sorte de construction. Les bois pour la teinture & pour la marqueterie n'y manquent pas.

Les mûriers sont fort communs dans ce pays. On se flatte en Angleterre d'y pouvoir élever des vers à soye. Deux ou trois Piémontois ont été envoyés dans la Géorgie pour montrer aux habitans à gouverner cet utile insecte. Ils sont en effet parvenus à avoir

de la foye parfaite ; mais en fi petite quantité que le produit n'en
mérite aucune attention. Il eft
difficile de penfer que cette récolte devienne abondante, tant que
la Colonie ne fera pas plus nombreufe, & qu'on n'y aura pas plus
de mains pour défricher & cultiver les terres.

Le défaut de population dans
cette Colonie naît moins de fa
nouveauté que de la mauvaife
conftitution de fon gouvernement. Il ne reffemble point à celui des autres établiffemens Anglois. Le peuple n'y a aucune autorité. Elle eft confiée toute entiere aux Commiffaires. Ils l'exercent par un Confeil compofé de
vingt-quatre d'entr'eux, qui demeurent à Londres. Ce Confeil
nomme les Magiftrats qui veil-
lent dans la Province à la manu-
tention de la police. Il leur en-

voye les inſtructions qui doivent leur ſervir de regle.

Les Commiſſaires ſe ſont pré-valus du pouvoir que la charte leur donnoit pour établir des loix fondamentales, ſuivant leſquel-les le Colon leur eſt entierement aſſujetti, & qui les rendent en quelque façon maîtres abſolus de ſa liberté & de ſa propriété.

Pour toute Juriſdiction, la Géorgie n'a qu'une Cour de Chancellerie, compoſée d'un très-petit nombre de Magiſtrats, à la diſcrétion deſquels la vie & les biens des particuliers ſont ſou-mis. Aucune borne ne reſtraint l'autorité du Conſeil ou des Ma-giſtrats qu'il commet. Enſorte que s'ils prennent de fauſſes me-ſures, comme il eſt très-poſſible que cela leur arrive, en leur ſup-poſant même de bonnes inten-tions, les Colons ſont dans la nécessité de s'y conformer contre leurs propres lumieres & contre leurs intérêts.

Aux mécontentemens qu'une pareille forme de gouvernement devoit produire, les Commissaires avoient joint de nouvelles sources de dégoût par le systême qu'ils suivirent dans la distribution des terres de leur concession. Ils ont divisé le pays en petits alleus de 50 âcres de terre; & ils avoient arrêté que les descendans mâles du tenancier à qui ils les cédoient, pourroient seuls lui succéder; que ses filles mêmes, ni ses autres parens ne participeroient pas à ce droit; & qu'au défaut d'hoirs mâles de son corps, ses terres retourneroient dans les mains des Commissaires.

La défense au tenancier de vendre, louer, ou échanger ses terres; celle de se servir de Négres, & de réunir en sa personne plusieurs alleus, acheverent de détacher les Colons de leur nouveau séjour. Une grande partie déserta pour passer dans la Caroline méridionale, & dans les autres Colonies Angloises : d'autres revinrent en Angleterre. Si l'on doit ajouter foi aux discours de ces transfuges, les mille personnes que l'on comptoit dans la Géorgie en 1741, étoient le reste d'environ cinq mille qui y avoient débarqué depuis 1732.

Les Commissaires ont cependant réformé les loix qu'ils avoient faites au sujet de l'hérédité des terres. Les filles succédent à présent, & le tenancier, au défaut d'héritier, peut disposer de sa possession par testament. Ils ont de même adouci d'autres clauses qui limitoient trop la propriété des Colons sur les terres qui leur étoient abandonnées. Mais outre que quand

une fois les efprits font effarou-
chés, on ne les ramene pas aifément, il refte encore bien des
changemens à faire dans la conftitution pour que les peuples trouvent quelque avantage à s'habituer dans ces cantons.

III. Cette Colonie intéreffe
beaucoup les Anglois, moins
peut-être par l'efpérance dont ils
fe flattent d'en tirer les foyes &
vins qu'ils achettent en différentes contrées de l'Europe, de l'A-
frique, & de l'Afie, que parce qu'-
ils la regardent comme la fron-
tiere qui met à couvert du côté
du fud leur établiffement fur la
terre ferme d'Amérique, contre
les entreprifes que pourroient
former les Efpagnols ou les François, fi ceux-ci venoient à fe fortifier dans la Louifiane, ainfi qu'-
il eft de leur intérêt de le faire.

Telle eft la vûe dans laquelle

Obferva-
tion fur la
Géorgie.

les Anglois cherchent à s'étendre du côté de ces derniers. En même tems qu'ils s'efforcent de les resserrer dans des limites étroites, en même tems qu'ils préparent des obstacles au dessein que les François pourroient former dans la suite contre la Géorgie & la Caroline ; ils avancent vers leur but secret, qui est d'enlever à l'Espagne ce qu'elle possede sur cette partie du nouveau continent, & de s'approcher du golphe du Mexique, afin d'en commander la navigation, & de s'emparer successivement du Mississipi même, dont la possession excite extrêmement leur cupidité par la commodité qu'elle leur fourniroit pour un commerce de contrebande immense avec la Nouvelle-Espagne.

Ils se livrent d'autant plus volontiers à travailler sur ce plan, que quand même il ne se rempliroit pas,

pas, la tentative ne sauroit manquer de leur procurer toujours quelque avantage. Car la Géorgie se peuplant plus qu'elle ne l'est, comme sans doute elle se peuplera si on leve les difficultés qui ont empêché jusqu'ici le Colon de s'y plaire, elle donnera incontestablement un échec considérable au commerce des François de la Louisiane par le trafic qu'elle fera avec les Sauvages de l'intérieur des terres. Le commerce qu'elle exerce déja met à portée d'en juger.

Il faut observer que la Géorgie est située au débouquement du Canal de Bahama, par où les gallions doivent nécessairement passer, de même que tous les navires qui reviennent de Porto-Bello & de la Véra-Crux, & que de l'autre côté de ce canal, qui n'a dans quelques endroits que vingt-cinq lieues de large, l'An-

gleterre poſſede l'île de la Providence. Cette poſition a fait croire
à ceux qui ne connoiſſent pas aſſez le topographique des lieux
que les Anglois étoient les maîtres d'arrêter les vaiſſeaux qui na-
viguoient dans ce détroit ; & ils
ont avancé qu'on ne pouvoit
deſirer à la Géorgie une ſituation plus propre pour cet effet,
ſur-tout depuis que l'on avoit dé-
couvert ſur ſes côtes d'excellens
ports ignorés juſqu'à ces derniers
tems. Il eſt bon , pour détruire
leur erreur , de dire ici que la
force des courans qui dominent
dans le canal de Bahama, & aſſez
loin au long des côtes de la Floride, empêche de croiſer dans ce
parage , outre qu'on y trouve
beaucoup de rochers à fleur d'eau,
& qu'il s'y éleve des tempêtes
très-fréquentes, qui y rendent la
mer très-dangereuſe.

C'eſt à cauſe de ces inconvé-

niens que les Anglois souhaitent
avoir un port sur le golphe du
Mexique qui les mette en état
d'y maîtriser totalement la navigation ; & la vûe du gouvernement d'Angleterre, en favorisant
l'établissement de la Géorgie, a
été de marcher vers cet objet,
qui deviendroit un moyen de tenir l'Amérique Espagnole dans la
dépendance de la Grande-Bretagne. Car les personnes éclairées
parmi la nation Angloise, ne peuvent guere espérer que l'on récolte jamais beaucoup de soye dans
cette Province, ni qu'on y fasse
de bons vins, non plus que dans
les autres Colonies. Il faudroit
du moins que les circonstances
des lieux changeassent extrêmement ce qui, vû le cours actuel
des choses, ne peut être l'ouvrage que de plusieurs âges d'homme. La quantité & l'antiquité des
bois qui couvrent ces contrées,

E e ij

font caufe qu'il y regne une humidité qui fait périr les vers à
foye de langueur, & y donnent
naiffance à des nuées continuel-
les d'infectes qui tuent ceux de
ces vers qui réfiftent à l'effet de
l'humidité.

A l'égard de la vigne, l'efpece
qui eft naturelle au pays y pouffe
trop tôt au Printemps. Les froids
qui furviennent dans ce climat
après quelques jours très-doux,
lorfque la faifon n'eft pas encore
bien décidée, gelent les bour-
geons, & détruifent la vendange.
Les raifins de cette vigne ont un
autre inconvénient; ils font rem-
plis d'un jus aqueux, incapable de
faire une liqueur de garde, & qui
ait du corps; & ils ont la peau fi
tendre, que d'ordinaire elle cre-
ve avant que les grains foient par-
faitement mûrs. On a voulu y cultiver des plans apportés d'Europe. L'expérience n'a pas réuffi.

Les infectes, dont le pays eft rempli, les ont toujours dévorés.

Quelques Auteurs Anglois difent que l'on remédie à tous ces inconvéniens en greffant la vigne d'Europe fur la vigne Indigene, que pour lors celle-ci pouffe plus tard, qu'elle échape ainfi aux gelées, & que les feüilles n'en font pas endommagées par les infectes. Ce qu'ils avancent ne paroît pas vraifemblable. Il y a plus de 50 ans que l'on a tranfplanté le premier plan d'Europe en Amérique. Quelle apparence, s'il y eût réuffi, que les Anglois n'en euffent pas embraffé la culture: eux dont les achats de vins forment un article fi défavantageux dans la balance de leur commerce?

Quelles qu'ayent été les vûes des Anglois dans l'établiffement de la Géorgie, il eft bien fûr qu'ils n'ont pas pris la vraie route

Documents manquants (pages, cahiers...)

NF Z 43-120-13

2°. Que les barques qu'ils ont saisies étoient chargées de *rum*, dont l'introduction est défendue dans la Géorgie.

3°. Que ces barques étoient équipées pour commercer avec des Indiens qui dépendoient de la nouvelle Colonie.

Les Caroliniens ont refusé de se rendre à ces raisons ; & pour se mettre à l'abri des saisies, en continuant de naviger sur la Savannah, ils ont armé leurs barques assez bien pour ne pas craindre de les voir attaquées.

FIN.

www.ingramcontent.com/pod-product-compliance
Ingram Content Group UK Ltd.
Pitfield, Milton Keynes, MK11 3LW, UK
UKHW020121130726
13696UKWH00001B/142